L'HÉRITAGE LENORMAND

Du même auteur

Cours complet de soins énergétiques, lulu.com, 2019.

Le Nouvel Etteilla, Trajectoire, 2022.

Pour contacter Gabryann Myrddin : **www.guidances-energies.com**

Une marque du groupe éditorial PIKTOS

355, rue de la Montagne Noire – 31750 Escalquens

Ce livre ne peut être vendu séparément du coffret

ISBN du coffret : 978-2-84197-885-4

Illustration du coffret : © chikovnaya - stock.adobe.com

Graphisme du coffret : © Maxime Copija

GABRYANN MYRDDIN

L'HÉRITAGE LENORMAND

LA CARTOMANCIE DE Mlle LENORMAND

Éditions TrajectoirE

C'est parce que l'intuition est surhumaine qu'il faut la croire,
c'est parce qu'elle est mystérieuse qu'il faut l'écouter,
c'est parce qu'elle semble obscure qu'elle est lumineuse.

Victor Hugo

Introduction

Présentation

Ah, Mlle Lenormand… Au travers des siècles, aucune cartomancienne n'a su susciter un tel mythe. Femme énigmatique et rebelle des plus érudites, férue d'ésotérisme et de divinations, elle a su faire tourner la tête de toute une époque, en laissant dans son sillage une empreinte inaltérable.

Tant et si bien qu'après sa mort, la célèbre sibylle du faubourg Saint-Germain inspira d'autres personnes à profiter de son renom. Aux XIXe siècle, les jeux de cartes et livres prétendus de sa méthode (voire de sa main) se mirent à pulluler. Et jusqu'à nos jours, il semble difficile de démêler le vrai du faux.

La première chose importante à savoir, c'est qu'il est historiquement prouvé que pour ses tirages, Mlle Lenormand utilisait uniquement des cartes à jouer non illustrées, des cartes classiques (comme en attestent ses propres mémoires ainsi que les différents témoignages de l'époque). De ce fait, elle n'a jamais conçu ni même utilisé aucun des jeux illustrés portant son nom.

Elle fut victime de sa célébrité : en effet, c'est pour des raisons purement commerciales que de nombreux jeux et livres furent publiés, soi-disant inspirés de sa méthode. En réalité, lorsqu'elle tirait les cartes, Mlle Lenormand interprétait uniquement des cartes classiques, principalement selon les méthodes d'Etteilla, son prédécesseur, précurseur de la cartomancie classique. Il conçut en 1770 son Petit Etteilla : il s'agit d'un jeu de 32 cartes annotées de mots-clés à l'endroit et à l'envers, qui devint la base des interprétations de ces jeux durant les décennies, puis – plus indirectement –, durant les siècles qui suivirent.

C'est une révélation qui secoue tout cartomancien. Moi le premier, lorsque j'ai découvert cette théorie, il y a maintenant de nombreuses années, je suis tombé des nues. Mais il m'a suffi de quelques recherches pour confirmer cette triste réalité.

Néanmoins, le « Jeu de l'espoir » (nom originel de ce qui devint plus tard le « Petit Lenormand ») reste très intéressant quant aux choix des images. Bien qu'il fût d'abord un jeu de société, où les cartes composaient un plateau sur lequel on faisait avancer des pions à l'aide de dés (à la manière d'un jeu de l'oie), la richesse symbolique de ses figures reste aujourd'hui encore très éloquente.

Le seul regret est que l'attribution de ces symboles aux cartes classiques a été faite de manière très aléatoire, sans tenir compte des significations des cartes classiques de l'époque.

Aussi, ce coffret se propose de réattribuer les symboles du Petit Lenormand aux « bonnes » cartes classiques, dans les valeurs qui leur étaient véritablement attribuées aux XVIIIe et XIXe siècles – et donc telles que les utilisait réellement Mlle Lenormand.

L'idée pourrait être formulée ainsi : et si Mlle Lenormand avait vraiment créé le Petit Lenormand pour illustrer les valeurs de la cartomancie classique, quelles attributions aurait-elle choisi pour chacune de ses images ? C'est de cette interrogation qu'est né ce jeu.

Ce système permettra à chacun de se familiariser à la fois avec les symboles de la cartomancie classique et du Petit Lenormand en un seul jeu. Car les illustrations du Petit Lenormand seront utilisées pour mettre en image la valeur symbolique des cartes classiques, dans un ordre différent de celui habituellement attribué.

Mlle Lenormand
La sibylle du faubourg Saint-Germain (1772-1843)

Marie-Anne-Adélaïde Lenormand fut célèbre notamment pour avoir été la voyante attitrée de l'empereur Napoléon et surtout de son épouse Joséphine. Ses prédictions et ses écrits étaient à l'époque autant respectés que craints et controversés.

En effet, il faut savoir que Mlle Lenormand était fort instruite, comme l'explique Marie Delclos dans l'introduction de son livre *Le Livre du Petit Lenormand* :

> « Elle lisait et écrivait le latin couramment, ce qui lui permit de citer les auteurs latins (en latin) dans ses livres. Elle lisait aussi l'araméen (le *Zohar* par exemple était écrit en araméen, langue proche de l'hébreu) et parlait l'anglais.
>
> Manifestant dès l'enfance son don de voyance, elle fut rapidement fascinée non seulement par ce don reçu à la naissance, mais aussi par l'ésotérisme sous toutes ses formes. Elle possédait une bibliothèque dans laquelle se côtoyaient Agrippa, Pic de la Mirandole et tous les kabbalistes connus de son temps, ainsi que les alchimistes et astrologues comme Cardan. Elle étudia l'astrologie, mais utilisait surtout le très curieux *Télescope de Zoroastre, ou Clef de la grande cabale divinatoire des Mages* qu'elle appelait sa Cabale de 99 de Zoroastre (en raison des 99 nombres du jeu) [...].
>
> Elle étudia la numérologie et se servit d'un autre très curieux ouvrage appelé *La Roue de Pythagore* ou *Géomancie du Seigneur Christofe de Cattan*. [...] C'est cet ouvrage qui inspira le *Grand Jeu Lenormand*.
>
> En fait elle utilisait toutes sortes de moyens divinatoires : le plomb fondu, le blanc d'œuf, le marc de café, les cendres, la fumée, des gouttes d'eau sur un miroir. Sans oublier ses mystérieux

> "33 bâtons grecs" en ébène, sculptés à chaque extrémité. Et enfin, elle accordait de l'importance à la physiognomonie*. »

Bref, on peut dire qu'elle connaissait son sujet... Autrement dit, ses écrits et les méthodes qui en découlèrent peuvent être considérés comme des références sérieuses. En matière de cartomancie française, son œuvre permit d'établir et/ou de valider les symboles tels que décrits dans ce coffret.

Et pourtant, une contradiction s'impose : alors que Mlle Lenormand décrivait les symbolismes des cartes de manière classique, pourquoi les jeux connus sous son nom (particulièrement *Le Petit Lenormand*, le plus célèbre des jeux de « cartomancie », de nos jours encore) divergent de ces symboles ?

Par exemple, lorsque Mlle Lenormand décrit dans ses œuvres le Valet de Pique comme un traître et un menteur, pourquoi dans le Petit Lenormand la même carte devient celle de L'Enfant, symbole de bonté et d'affabilité ? Comme le tristement célèbre 9 de Pique, visage de la mort (par laquelle elle aurait annoncé à Robespierre sa décapitation), qui est devenu dans « son » jeu L'Ancre, symbole de stabilité et de sérieux ? Et que dire de cette pauvre Dame de Trèfle, allégorie de l'amie sincère et dévouée, devenue Le Serpent, annonçant ennemis, trahison et malheurs ?

Ou encore, pourquoi dans l'œuvre présumée écrite de la main de Mlle Lenormand (*L'Oracle parfait, ou le passe-temps des dames*), elle parlait d'ajouter les quatre 2 pour obtenir un jeu de 36 cartes, alors que tous les Petit Lenormand sont additionnés des quatre 6 ? Pourquoi donc tant d'incohérences entre ses écrits et ce jeu ?

* DELCLOS Marie, Le Livre du Petit Lenormand – Symbolisme, tirages et interprétations, Trajectoire, 2013, p. 78.

La réponse est très simple : parce que **M.-A. Lenormand n'a *jamais* créé ni même utilisé Le Petit Lenormand**, ni aucun des jeux portant son nom. Et bien que Le Grand Jeu Lenormand, beaucoup plus complexe et donc moins utilisé de nos jours que le « Petit », se veuille lui aussi inspiré de ses méthodes, Mlle Lenormand n'utilisait que des cartes classiques : en effet, celui-ci fut créé deux ans après sa mort, par Mme Breteau.

Marie Delclos* confirme cette réalité : « *Le Petit Lenormand* tire son origine d'un jeu allemand de 1798, *Das Spiel der Hoffnung* (« Le jeu de l'espoir »), créé par Johann Kaspar Hechtel. Il fut édité ensuite sous le nom de Mlle Lenormand pour des raisons commerciales. »

Comme beaucoup de passionnés de cartomancie, j'ai personnellement été déçu de l'apprendre... En effet, en plus de versions classiques, j'utilisais régulièrement *Les Cartes mystiques de Mlle Lenormand* (l'une des nombreuses rééditions du Petit Lenormand) puis, plus récemment, le sublime *Les Rêves enchantés de Lenormand*, en passant par celui de Robert M. Place, ou encore celui de Chloe McCracken, ou d'autres plus rares.

Curieusement, nous sommes nombreux à utiliser ce jeu, pensant contenir la connaissance et la sagesse d'une grande cartomancienne, alors qu'il n'en est rien. Car non seulement ces jeux ne sont pas de la main de Mlle Lenormand mais, de plus, ils ne correspondent *en rien* aux symboliques telles qu'elle les utilisait et les décrivait dans ses nombreux mémoires. On aurait simplement (et soi-disant) trouvé ce « Jeu de l'espoir » chez Mlle Lenormand après sa mort, le reste n'est qu'une affaire de publicité qui a plutôt bien fonctionné...

Pourtant, le but ici n'est aucunement de chercher à décrédibiliser Le Petit Lenormand, bien au contraire. Ce sont des jeux plus que respectables et

* DELCLOS Marie, *op.cit.*

ayant largement fait leurs preuves, dont les symboles restent très inspirants, utilisés par nombre de cartomanciens, tant amateurs que professionnels. Et les innombrables versions et rééditions de ces jeux prouvent bien leurs succès.

Il s'agit en revanche de souligner que les Petit Lenormand sont plutôt à considérer comme des *oracles* (aux symboles sans réelles correspondances classiques) que comme de la cartomancie, avec laquelle ils n'ont aucun lien. Ils sont donc incomparables avec la cartomancie française, et pourtant...

Le Jeu de l'espoir, dit « Petit Lenormand »

Lorsque Johann Kaspar Hechtel publie en 1799 *Le Jeu de l'espoir, un jeu de société divertissant et raffiné avec 36 cartes à motifs, enluminées, livret relié* (pour la modique somme de 30 *Kreuzer*), c'était initialement un jeu de société destiné à représenter différents aspects de la vie quotidienne, un peu à la manière d'un jeu de l'oie, associant des illustrations simples aux cartes classiques. Ces cartes étaient alors placées dans leur ordre numérique, pour constituer une sorte de plateau de jeu dont chaque carte représentait une case sur lesquelles on se déplaçait par lancés de dés.

Son objectif était de traverser différentes étapes, positives ou négatives, jusqu'à atteindre la carte numéro 35 (L'Ancre, symbole de l'Espoir qui donne son nom au jeu), et d'éviter la numéro 36 (La Croix, qui stoppait net la partie pour le joueur). Ce sont les dés qui décidaient de l'avancée du joueur, et des jetons étaient cumulés à mesure de la partie, le but étant d'en remporter un maximum.

Ce genre de jeu était effectivement souvent vu comme oraculaire, ce qui redonne un aspect de prédiction à ces cartes. Mais en aucun cas ce « Jeu de l'espoir » (renommé plus tard *Petit Lenormand*) ne correspond aux valeurs symboliques de la cartomancie classique, et encore moins à celles utilisées par Mlle Lenormand. Il peut être vu comme un oracle divinatoire, mais dont les symbolismes ne sont pas liés à ceux des cartes classiques.

Hechtel n'a effectivement pas utilisé le nom de « Lenormand » lors de la création de son jeu. Seules les éditions ultérieures, se basant sur la renommée de Mlle Lenormand, ont introduit ce nom. Bien que la célébrité de la sibylle atteignît son apogée à l'époque napoléonienne, il n'y a aucune preuve qu'elle ait utilisé ce jeu. Ce n'est que trois ans après la mort de Mlle Lenormand, en 1846, qu'une édition fut publiée pour la première fois sous le nom de Lenormand, afin de bénéficier de sa réputation.

Durant la majeure partie du XIXe siècle, le Lenromand resta très populaire jusqu'à être détrôné par le renouveau du tarot au XXe siècle. Pourtant, depuis quelques années, un regain d'intérêt pour le Lenormand l'a de nouveau mis sur l'avant de la scène. Prétendant toujours (à tort) contenir la sagesse de la grande cartomancienne, les publications à son sujet ne cessent de croître.

Depuis quelques années, il est à noter que plus de Lenormand ont été imprimés que durant un siècle, le rendant plus populaire encore qu'à son apogée originale, et à une échelle mondiale. La simplicité et l'éloquence de ce jeu en sont sans doute la cause, tout comme l'aspect direct et tranché de ses prédictions, ajouté aux innombrables nuances et modulations d'interprétations qu'il permet, sans se noyer pour autant dans de lourdes associations ésotériques.

De plus, son graphisme largement reconnaissable ne cesse d'être réadapté de manière originale par d'innombrables artistes, de tout style, permettant à chacun de trouver son jeu, tout en conservant les symboles que l'on connaît et qui sont pratiquement devenu universels.

Un manuel par Mlle Lenormand ?

L'ORACLE
PARFAIT
OU
LE PASSE-TEMPS DES DAMES
ART
DE TIRER LES CARTES
AVEC EXPLICATION
Claire et facile de toutes les cartes du jeu de piquet, leur interprétation et signification d'après les plus célèbres cartomanciens,
Mlle LENORMAND, ETTEILLA, &, &.

TROIS PIQUES
L'As annonce BONHEUR, Roi et Dame : MARIAGE.

SE TROUVE
CHEZ TOUS LES LIBRAIRES DE FRANCE ET DE L'ÉTRANGER

Au XIXe siècle, comme nous l'avons évoqué, nombre de livres et de jeux de cartes se prétendent de la main de Mlle Lenormand. Dans tout ceci, un seul livre aujourd'hui se prétend réellement de la main de la célèbre sibylle : *L'Oracle parfait, ou le Passe-temps des dames : art de tirer les cartes avec explication* (les scans de l'édition de 1875 sont disponibles sur le site de la Bibliothèque nationale de France).

Or, ce livre n'apparaît nulle part dans la bibliographie officielle de Mlle Lenormand (où nous ne trouvons d'ailleurs aucun livre enseignant concrètement sa méthode). Il y a donc de très fortes chances pour qu'elle ne l'ait jamais écrit, et que ce soit, là encore, uniquement pour des raisons commerciales qu'il a été prétendu de sa main.

Néanmoins, ce livre reste très intéressant à étudier pour les nombreux parallèles qu'on peut établir avec la méthode que nous connaissons aujourd'hui. Pour commencer, ce livre décrit les significations de 36 cartes classiques, et à la manière dont elles étaient effectivement interprétées à l'époque. À l'époque, les 36 cartes incluaient les 2 (et non les 6 comme on le voit aujourd'hui ; l'ouvrage comporte donc une présentation des 2 (les cartes présentées dans ce coffret reprennent cette particularité, vous le verrez en détail plus loin).

Nous trouvons aussi dans ce livre l'explication du tirage en grand tableau (que nous évoquerons à la fin de ce livre), avec des significations propres à chaque case.

Enfin, la seconde moitié de cet ouvrage est dédiée à la méthode d'Etteilla (à 32 cartes), qui restait à l'époque une référence incontestée.

Il s'agit donc d'un livre à prendre avec des pincettes, mais qui reste important. Il mélange le principe d'un jeu de 36 cartes (à une époque où l'on utilisait des jeux comptant soit 32 soit 52 cartes), l'utilisation du tirage en grand tableau, le tout avec des attributions aux cartes classiques telles que réellement utilisées à l'époque.

Qu'il ait été rédigé ou non par Mlle Lenormand, il est un témoignage essentiel de l'utilisation de cartes à cette époque, et se rapproche donc théoriquement de la manière dont Mlle Lenormand tirait les cartes.

Citations avérées de Mlle Lenormand

Plutôt que de s'égarer en suppositions, si nous prenions le temps de nous pencher sur les mots de Mlle Lenormand elle-même ? Car au-delà des nombreux témoignages de l'époque, décrivant sa manière de procéder, elle nous a aussi légué plusieurs ouvrages où elle parle en détail de son utilisation des cartes. En voici quelques extraits.

Dans son livre *Les Oracles sibyllins*, datant de 1817, elle déclare :

> « Je prends un jeu de piquet, composé de trente-deux cartes. Je les coupe trois fois, et les pose huit par huit, ayant soin d'examiner les extrémités de mon tableau.
>
> Et après les avoir relevées de droite et de gauche, j'aperçois, sur la seconde ligne, le valet de carreau et le sept de pic renversé : l'as de pic se trouvoit, avec son neuf, en face du roi de trèfle et de la dame de cœur avec le huit de pic ; ce qui sembloit lui annoncer des larmes. »

On lit encore :

> « Alors elle écarte sept cartes que j'expliquai ainsi :
>
> Roi, dame et valet de cœur, as de pic, sept de carreau renversé, huit et neuf de cœur et de trèfle.
>
> Cet oracle, ajoutai-je, est infaillible, et l'enfant vous fera pour toujours oublier les fautes de son trop malheureux père ; il sera sa caution. »

Puis :

> « C'est ainsi que je voyois dans mes tharots le roi de carreau, de trèfle et de cœur s'entretenir de cette dame, ce qui annonçoit d'une manière toute positive qu'elle soit destinée par son étoile à devenir successivement l'épouse de trois hommes vivans, et dont elle feroit le bonheur. »

Nous pouvons également lire :

> « Prenez un jeu de piquet, coupez-le trois fois de la main gauche ; posez vos cartes sur quatre lignes : votre opération se termine au coup de sept. Ayez grand soin d'examiner, et pour cause, quelle est la figure qui se trouve à chaque extrémité du tableau. »

Mais encore :

> « Je vois, par ces quatre valets et ce roi de carreau, que la querelle provient d'opinions opposés. »

Dans son livre *Souvenirs prophétiques d'une sibylle*, publié en 1814, nous lisons :

> « J'ai vu de jeunes femmes venir, en rougissant, me demander si je voyois dans leur jeu le valet de cœur, l'as de pique, son valet avec le huit de pique et le neuf de carreau, ce qui veut dire outrage. »

Nous pouvons également lire :

> « Je jette mon jeu de cartes en l'air du côté du midi ; il me donne pour résultat quatre as, quatre neuf et le roi de trèfle avec sa dame.
>
> J'interprète ainsi cette réussite : aujourd'hui l'on parlera de toi dans plus d'un cercle, même dans un ministère ; ton interrogatoire y fera le plus grand bruit, et surtout tes réponses ; tu as des amis ; quelques-uns plus zélés se prononceront en ta faveur ; une dame brune, surtout a déjà fait faire plus d'une démarche utile ; d'autres, retenus par une fausse honte, craindront même d'avouer que tu tiens pour eux la boussole de l'espérance : mai ils te portent tous dans leurs cœurs. »

Dans ces différents extraits, nous voyons bien que Mlle Lenormand n'utilisait que des cartes classiques, et particulièrement un jeu de 32 cartes. Sans entrer particulièrement dans les détails, si nous comparons ses mots avec les cartes du Petit Lenormand traditionnel, nous constatons rapidement que ça ne correspond pas.

En réalité, l'étude des interprétations qu'elle décrit montre qu'elle s'appuyait sur une approche similaire à celle d'Etteilla, selon son Petit Etteilla à 32 cartes.

On retrouve dans les récits de la sibylle des significations équivalentes, l'usage de significations endroit et envers, ainsi que l'interprétation par groupement de cartes de même valeur.

Les tirages décrits (souvent expliqués de droite à gauche) correspondent aussi à la méthode expliquée par Etteilla dans ses ouvrages, dont « le coup de sept ». Mlle Lenormand évoque aussi son célèbre grand tableau (un tirage réellement propre à elle), ici composé de quatre lignes de huit cartes.

Au travers de ses écrits, nous pouvons mieux comprendre son approche des cartes et nous rendre compte qu'elle diffère totalement des jeux qui ont porté son nom par la suite.

Un jeu de 32 ou 36 cartes ?

L'emploi réduit d'un jeu de 52 cartes est principalement employé pour le jeu de belote, de manille et le jeu de piquet créé par Charles VII (alors appelé « cent » au XVIe siècle). Il se jouait originellement à 36 cartes (avec l'ajout des quatre 6), mais fut simplifié au nombre de 32 au XVIIe siècle.

Ce jeu plus courant et moins coûteux, voire plus simple à réaliser soi-même, était très répandu à l'époque où naquit la cartomancie. De plus, l'étude de 32 cartes s'avérait moins laborieuse qu'un jeu complet de 52 cartes (que l'on interprétait, de plus, à l'endroit comme à l'envers). On comprend alors aisément le choix d'un plus petit jeu pour les prédictions.

De ce fait, et puisqu'il existe davantage d'informations à croiser sur les jeux de 32 cartes, ce sont sur celles-ci que la plupart des auteurs d'autrefois se sont penchés en premier. Néanmoins, nous allons aussi développer dans ce livre les notions symboliques des quatre 2 – qui auraient été utilisés par Mlle Lenormand selon un livre prétendu de sa main, et dont les symboles correspondent mieux que les 6 à ceux que nous pouvons trouver dans le Petit Lenormand, comme nous le verrons.

L'Oracle astrologique de Seni, une origine possible du Petit Lenormand ?

Lors de la conception de son Jeu de l'espoir, Hechtel semble avoir puisé dans des sources antérieures à son jeu. Mais lesquelles ?

Au XVIIe siècle, soit deux siècles avant la création du Jeu de l'espoir, qui devint plus tard le Petit Lenormand, on parle d'un jeu bien étrange : « l'Horoscope de Seni ». Il est conçu sur des cartons de forme carrée, divisés en quatre quarts, où des moitiés de figures symboliques sont illustrées.

Les 36 cartes du jeu, placées en tableau de six cases sur six, créent une forme de « patience » (jeux de cartes que l'on nomme aussi « réussites »), afin de tenter d'associer les moitiés d'illustrations entre elles. Le tout est censé avoir une portée divinatoire, bien entendu.

La règle est simple : une fois le jeu mélangé et les cartes étalées, il est interdit de déplacer les cartes. Mais il est possible de les faire pivoter sur elles-mêmes, afin de faire correspondre les symboles avec les cartes placées autour. Ceux qui parviennent à être complets sont alors interprétés, et le sens dans lequel ils sont tournés (à l'endroit, à l'envers, tourné vers la gauche ou la droite) nuance l'interprétation.

Selon la légende, ce jeu aurait été conçu par l'illustre occultiste italien Giovanni Battista Seni (1600-1656), connu comme le « Merlin » de son époque. Il fut particulièrement célèbre pour avoir été l'astrologue du chef militaire Albrecht von Wallenstein, tout comme Mlle Lenormand fut, bien plus tard, célèbre pour avoir été la cartomancienne de Napoléon et son épouse Joséphine. L'empreinte de l'astrologie y est évidente, car chacune des 72 figures (divisées en 36 cartes) se réfère aux planètes et constellations.

Selon la légende, sa première édition à 36 cartes remonterait au XVIIe siècle et aurait été conçue du vivant de Giovanni Battista Seni. Une version russe à 64 cartes et 128 gravures apparaît en 1814, inspirée du livre *Symbola et Emblemata* datant de 1705 et contenant plus de 800 gravures allégoriques. Une version astrologique paraît trois ans plus tard. Ce serait là la restauration du fameux « Horoscope de Seni » à 36 cartes. Une autre édition aux gravures plus complexes est publiée en 1881, sur le même principe.

À ma connaissance, il existe moins d'une dizaine d'éditions différentes de ce jeu, la plupart assez anciennes.

Hormis pour sa première édition supposée, les dates traçables historiquement indiqueraient que ce jeu serait finalement postérieur au Jeu de l'espoir dit « Petit Lenormand » (qui fut créé en 1799). Seules les gravures d'origine tirées du livre de 1705 sont antérieures au Jeu de l'espoir, mais au vu des 800 gravures qu'il contient, il reste difficile de faire le lien avec les 36 figures du Petit Lenormand.

Quel est donc le rapport entre ces digressions historiques et le sujet de ce livre ? Il tourne autour du choix des symboles et leurs valeurs. Car l'Oracle du Seni contient quasiment tous les symboles du futur Jeu de l'espoir. Le Soleil, La Lune, L'Étoile, Le Vaisseau, La Croix, Le Serpent, Le Nuage, La Dame, Le Monsieur, L'Enfant, Le Chien… De plus, tout est associé à des valeurs astrologiques spécifiques, permettant de confirmer ou de nuancer, voire d'approfondir, les interprétations de chaque carte.

Sans parler de l'utilisation de toutes les cartes pour former un tableau, qui évoque les grands tirages que l'on attribuait à Mlle Lenormand.

Rappelons également que le Jeu de l'espoir naquit en Allemagne, pays où l'Horoscope de Seni était déjà très connu. Aussi des parallèles seront proposés dans la partie développant l'interprétation des cartes, lorsque des correspondances seront possibles.

Publié bien plus récemment, un autre jeu basé sur le même fonctionnement, mais avec seulement 25 cartes et 50 figures, est paru sous le nom de « *Russian Gypsy Fortune Telling Cards* », par Svetlana Alexandrovna Touchkoff.

Une version réillustrant le jeu présumé de Giovanni Battista Seni (du XVIIe siècle) à 36 cartes est aussi publiée par la maison indépendante lettone FortuneCardsLatvia (boutique sur Etsy).

Le Petit Lenormand dans ce coffret

Au vu des chapitres précédents, on pourrait alors se demander en quoi on peut rapprocher les illustrations du Jeu de l'espoir (devenu Petit Lenormand) aux significations de la cartomancie classique. Et pourtant, à force de tenter de trouver des symboles pour mettre en image les significations des cartes classiques, j'ai pu constater qu'il était finalement possible de rattacher la plupart des symboles du Petit Lenormand aux valeurs classiques des cartes à jouer, mais pas dans leur ordre habituel.

Ainsi, ce coffret vous propose de rappeler la signification des cartes classiques, telles qu'elles furent établies au XVIIIe siècle (et donc telles que les utilisait Mlle Lenormand), bien avant d'être déformées par le temps, jusqu'à nos auteurs modernes. Et afin de se représenter plus facilement leur symbolique, il sera donc proposé une correspondance avec les illustrations du Petit Lenormand, bien que dans des associations différentes que celles habituellement attribuées.

Afin de souligner l'incohérence des attributions habituelles dans le Petit Lenormand avec la cartomancie classique, elles seront aussi indiquées à titre de parallèle, pour que chacun puisse se faire sa propre opinion sur la question.

Une suggestion de correspondance avec l'Oracle de Seni sera aussi proposée pour son approche astrologique des figures. Je n'ai hélas pas pu trouver de correspondances pour la totalité des cartes du jeu, mais pour la plupart.

Je tiens à souligner que toutes ces corrélations ne sont que des suggestions personnelles, en lien avec mon expérience au travers de ces différents jeux. Rien n'atteste de ces valeurs particulières, mais toute personne connaissant ces jeux sera sans doute surprise par ces nombreuses « coïncidences » et par les rapprochements possibles, et ceux qui les découvrent pourront en apprécier les nombreux échos.

Quelques généralités sur les cartes d'autrefois

Avant de détailler chaque carte une à une, voici quelques généralités synthétisées selon les écrits des précurseurs de la cartomancie : Antoine Court de Gébelin (1719 ou 1725-1784) et le Comte de Mellet (qui paracheva l'explication sur la cartomancie dans le livre de Gébelin), Etteilla (1738-1791), et Mlle Lenormand (1772-1843).

- **Les Carreaux** représentent la campagne et le travail (autrefois agraire, plus tard le travail en général). Les membres de cette famille sont généralement éloignés ou voyagent beaucoup. D'un tempérament assez ambigu et un peu égoïste, ils sont tantôt appréciés tantôt craints. Ces énergies sont généralement liées à l'élément terre.

- **Les Trèfles** représentent le commerce, la richesse, l'argent et les possessions. Les membres de cette famille ont généralement les cheveux foncés, châtains ou bruns. Réputés pour être fougueux et dynamiques, ils ont une énergie de feu.

- **Les Cœurs** représentent la vie citadine, la ville où l'on vit, les proches et les sentiments, voire la vie spirituelle. Les membres de cette famille ont généralement les cheveux clairs, châtains, blonds ou roux. Doux, sentimentaux et artistes, ils incarnent l'énergie de l'eau.
- **Les Piques** représentent la justice, l'administration, les épreuves et les imprévus de toute sorte. Les membres de cette famille sont généralement indépendants et solitaires, rudes et difficilement amicaux. Incarnant le monde de la pensée, ils sont souvent associés à l'élément air.

Ainsi, lors d'un tirage, la dominante d'une famille de cartes indique déjà l'ambiance générale. Beaucoup de trèfles signifient beaucoup d'affaires d'argent ; beaucoup de Piques indiqueront beaucoup de soucis, etc.

Si l'on veut comparer les familles de la cartomancie avec celles du Tarot, nous obtenons :

- **les Épées** pour les Piques ;
- **les Coupes** pour les Cœurs ;
- **les Deniers** pour le Trèfles ;
- **les Bâtons** pour les Carreaux.

Cela peut surprendre pour les Trèfles et les Carreaux, que l'on associerait instinctivement à l'inverse, mais c'est ainsi qu'autrefois se faisait cette association. On considère effectivement souvent, de nos jours, que le cercle des Deniers rappelle les Carreaux, et le bois des Bâtons la nature, donc les Trèfles.

Or, lorsque l'on observe les Tarots anciens (type Tarot de Marseille), nous voyons que les Bâtons s'entrecroisent en formant un losange (ou Carreau), parfois même peint en rouge ; tandis que les Deniers étaient toujours ornés d'une fleur (ou d'une sorte de Trèfle à quatre feuilles), sans compter que le 3 de Deniers évoque nettement dans sa disposition la figure du Trèfle telle qu'on la connaît.

Ce n'est en rien une vérité absolue : c'est simplement la manière selon laquelle les attributions entre la cartomancie et la taromancie ont été établies aux XVIIIe et XIXe siècles, par les auteurs qui nous intéressent ici.

VIIII
VIIII

Observons maintenant les Figures.

- **Les Rois** sont des souverains, ils portent la polarité active et masculine des qualités de leur famille. Ils évoquent des parents, les magistrats, des hommes mûrs et accomplis.
- **Les Dames** sont puissantes, comme l'évoque la polarité réceptive et féminine des qualités de leur famille. Elles sont adroites, tantôt fidèles tantôt légères, passionnées ou indifférentes, confidentes ou rivales...
- **Les Valets** sont des jeunes gens, ils incarnent la polarité spontanée et immature des qualités de leur famille. Ce sont des amoureux, des guerriers, des petits maîtres, des rivaux...
- **Les 7 et les 8** étaient autrefois associés à des jeunes filles. Aujourd'hui, seuls les 8 de Cœur et de Trèfle symbolisent encore des jeunes filles (blonde pour la première, brune pour la seconde). Elles incarnent alors la polarité féminine juvénile de leur famille.

Concernant les nombres, on peut souligner ces notions :

- **Les 1** (As) représentent l'énergie source et brute d'une famille (l'As de cœur représente les émotions ; l'As de trèfle l'abondance, etc.).
- **Les 9** sont l'apogée des valeurs d'une famille atteignant leur paroxysme (le plus grand bonheur pour le 9 de Cœur, meilleure carte du jeu ; le plus grand malheur pour le 9 de Pique, pire carte du jeu).
- **Les 10** évoquent l'accomplissement, le résultat final, l'accumulation, la synthèse des énergies d'une famille : le 10 de Cœur incarne la ville pour cette famille citadine ; le 10 de Carreau la campagne pour cette famille lointaine ; le 10 de Trèfle parle d'argent pour cette famille financière ; le 10 de Pique évoque les larmes pour cette famille d'épreuves.

Les autres chiffres possèdent aussi des points communs, bien que moins marqués.

Au sujet des As, Court de Gébelin précisait aussi qu'ils annonçaient tous des nouvelles – particulièrement l'As de Deniers, dit « le Borgne » (le soleil, Apollon), puisqu'il voyage dans le monde et voit tout. À noter que, contrairement à ses contemporains, Gébelin attribuait les Deniers aux Carreaux (alors que Mellet, dans le même livre, faisait déjà l'inverse). Ce qui explique sans doute pourquoi l'As de Carreau est aujourd'hui encore le symbole des nouvelles de toute sorte.

Toujours selon ces anciennes méthodes, on peut aussi souligner qu'un Pique entouré de deux Cœurs est moins dangereux, de même qu'un Cœur entouré de deux Piques est moins fortuné. Et si les « mauvaises » cartes (les Piques) sont suivies de très bonnes, cela peut indiquer qu'on a couru un grand danger mais qu'il est passé, et que la fortune change de face.

Groupement de cartes de même valeur

Traditionnellement, plusieurs cartes de même valeur sortant dans un tirage avaient une importance particulière qui était interprétée. Plusieurs Rois, plusieurs Sept ou autres indiquent des précisions supplémentaires, qu'il est généralement intéressant de prendre en compte bien que facultatif. Hélas, comme pour tout ce qui concerne la cartomancie, personne n'est jamais d'accord !

Etteilla, qui fut le premier à écrire sur ce sujet, dissociait ces groupements si les cartes sortaient à l'endroit ou à l'envers. Certains livres, prétendant s'inspirer de la méthode de Mlle Lenormand, vont même jusqu'à détailler la composition de chacun de ces groupements, pour en moduler la prédiction selon les familles qui le composent.

Afin de faire simple et surtout faciliter l'accès à ces occurrences, je vous propose cette synthèse, inspirée de ces deux auteurs mais aussi de versions plus contemporaines sur l'interprétation des cartes de même valeur, sans tenir compte qu'elles soient à l'endroit ou à l'envers, et peu importe leur famille. Libre à chacun d'utiliser cette méthode ou tout autre, là encore tout est une question de convention établie avec vos cartes.

- 4 As : Triomphe imprévu, chance, grande opportunité, succès
- 3 As : Petite réussite, modeste, commencement d'un succès
- 2 As : Union, on cherche à vous duper, abuser de votre bonté

- 4 Rois : Appui d'hommes influents, profit, richesse, honneurs
- 3 Rois : Réunion d'hommes qui discutent en bien des intérêts de la personne qui consulte, avis judicieux
- 2 Rois : Petit conseil, conseil peu avisé, garder son libre arbitre

- 4 Dames : Réunion d'amies ou de parentes, grands pourparlers plutôt bienveillants mais sans grand résultat
- 3 Dames : Bavardage, critique, médisances, tromperie
- 2 Dames : Amitié féminine, simple, dévouée, présente ou à venir

- 4 Valets : Querelles, brouille prolongée, maladie contagieuse
- 3 Valets : Discussion d'intérêt, rivalité sentimentale, dispute
- 2 Valets : Inquiétudes, soucis, difficultés à la suite d'une trahison

- 4 Dix : Problème de justice, enfermement, départ, changement
- 3 Dix : Soucis imprévus mais passagers, lutte, chance prochaine
- 2 Dix : Changement quelconque, petit voyage, contentement

- 4 Neuf : Chance inattendue, évènement imprévisible et heureux de grand impact sur la vie de la personne qui consulte, amitié
- 3 Neuf : Grande réussite dans toute entreprise à venir, bénéfice
- 2 Neuf : Petite chance, un peu d'argent, modeste compensation

- 4 Huit : Incertitude, difficultés, revers, conseil de prudence
- 3 Huit : Bonheur familial, appui de proches, sécurité, mariage
- 2 Huit : Nouvelle connaissance, un sentiment reçu, aisance

- 4 Sept : Ennemis cachés, fausseté, nuisance, intrigues, cancans
- 3 Sept : Naissance chez soi ou dans l'entourage, santé fragile
- 2 Sept : Petite nouvelle sans grand intérêt, ou passion néfaste

- 4 Six : Confort, bien-être, agrément matériel
- 3 Six : Promesse de gains, bénéfice
- 2 Six : Rancunes pénibles et pesantes, amertume

- 4 Deux : Dispute, désaccords, querelle
- 3 Deux : Calme, tranquillité, vie paisible et sans remous
- 2 Deux : Heureuse alliance de cœur ou d'intérêt, union

SIGNIFICATIONS DES CARTES

Cartomancie classique	Attributions habituelles du Petit Lenormand
A♦. Lettre, nouvelles	31. Le Soleil : *Bonheur – Succès – Énergie*
R♦. Commerce, affaires	34. Les Poissons : *Prospérité – Fluidité – Commerce**
D♦. Égocentrisme, rivalité	22. Les Chemins : *Choix – Doutes – Hésitation*
V♦. Messager, uniforme	10. La Faux : *Fin – Cycle – Imprévu*
10♦. Voyage lointain	26. Le Livre : *Sagesse – Connaissance – Mystère*
9♦. Obstacle, contretemps	8. Le Cercueil : *Conclusion – Chagrin – Deuil*
8♦. Campagne, activités	33. La Clé : *Solution – Libération – Réussite*
7♦. Pourparlers, caquets	12. Les Oiseaux : *Pourparlers – Discussions – Caquets**
6♦. Serviabilité, dévouement	2. Le Trèfle : *Chance – Opportunité – Petit gain*

* Les cartes signalées par une astérisque restent identiques en passant du *Petit Lenormand* à *L'Héritage Lenormand*. Toutes les autres cartes varient d'un jeu à l'autre.

Cartomancie classique	Correspondances « corrigées » du Petit Lenormand
A♦. Lettre, nouvelles	27. La Lettre : *Nouvelles – Courriers – Papiers*
R♦. Commerce, affaires	34. Les Poissons : *Prospérité – Fluidité – Commerce**
D♦. Égocentrisme, rivalité	14. Le Renard : *Ruse – Indépendance – Égoïsme*
V♦. Messager, uniforme	1. Le Cavalier : *Nouvelles – Nouveauté – Dynamisme*
10♦. Voyage lointain	3. Le Vaisseau : *Mouvement – Voyage – Projet*
9♦. Obstacle, contretemps	21. Le Mont : *Obstacle – Contretemps – Défi*
8♦. Campagne, activités	5. L'Arbre : *Stabilité – Bien-être – Santé*
7♦. Pourparlers, caquets	12. Les Oiseaux : *Pourparlers – Discussions – Caquets**
2♦. Chagrin, absence	8. Le Cercueil : *Conclusion – Chagrin – Deuil*

Cartomancie classique	Attributions habituelles du Petit Lenormand
A♥. Foyer, proches	28. Le Monsieur : *Consultant – Homme proche – Masculin*
R♥. Sagesse, conseils	4. La Maison : *Foyer – Harmonie – Réunion*
D♥. Apaisement, bienveillance	17. La Cigogne : *Naissance – Changement – Dynamisme*
V♥. Amour, romance	24. Le Cœur : *Affection – Émotions – Légèreté**
10♥. Société, fête	18. Le Chien : *Amitié – Sincérité – Fidélité*
9♥. Victoire, consécration	1. Le Cavalier : *Nouvelles – Nouveauté – Dynamisme*
8♥. Attention, émotions	32. La Lune : *Inconscient – Intuition – Renommée*
7♥. Pensées, amitié	5. L'Arbre : *Stabilité – Bien-être – Santé*
6♥. Souvenirs, nostalgie	16. L'Étoile : *Guidance – Clarté – Inspiration*

* Les cartes signalées par une astérisque restent identiques en passant du *Petit Lenormand* à *L'Héritage Lenormand*. Toutes les autres cartes varient d'un jeu à l'autre.

Cartomancie classique	Correspondances « corrigées » du Petit Lenormand
A♥. Foyer, proches	4. La Maison : *Foyer – Harmonie – Réunion*
R♥. Sagesse, conseils	26. Le Livre : *Sagesse – Connaissance – Mystère*
D♥. Apaisement, bienveillance	30. Le Lys : *Paix – Douceur – Maturité*
V♥. Amour, romance	24. Le Cœur : *Affection – Émotions – Légèreté**
10♥. Société, fête	20. Le Jardin : *Société – Rencontres – Mondanités*
9♥. Victoire, consécration	33. La Clé : *Solution – Libération – Réussite*
8♥. Attention, émotions	9. Le Bouquet : *Surprise – Cadeau – Invitation*
7♥. Pensées, amitié	18. Le Chien : *Amitié – Sincérité – Fidélité*
2♥. Union, complémentarité	25. L'Anneau : *Union – Engagement – Complémentarité*

Cartomancie classique	Attributions habituelles du Petit Lenormand
A♠. Tensions, justice	29. La Dame : *Consultante – Femme proche – Féminin*
R♠. Puissance, rudesse	30. Le Lys : *Paix – Douceur – Maturité*
D♠. Isolement, enfermement	9. Le Bouquet : *Surprise – Cadeau – Invitation*
V♠. Fourberie, séduction	13. L'Enfant : *Nouveauté – Innocence – Immaturité*
10♠. Larmes, chagrin	3. Le Vaisseau : *Mouvement – Voyage – Projet*
9♠. Fatalité, fin	35. L'Ancre : *Stabilité – Solidité – Inertie*
8♠. Maladie, fatigue	20. Le Jardin : *Société – Rencontres – Mondanités*
7♠. Espoir, ombre	27. La Lettre : *Nouvelles – Courriers – Papiers*
6♠. Longue route, ambition	19. La Tour : *Solitude – Isolement – Supériorité*

Cartomancie classique	Correspondances « corrigées » du Petit Lenormand
A♠. Tensions, justice	11. La Verge : *Colère – Conflit – Tension*
R♠. Puissance, rudesse	15. L'Ours : *Puissance – Repli – Réserves*
D♠. Isolement, enfermement	19. La Tour : *Solitude – Isolement – Supériorité*
V♠. Fourberie, séduction	7. Le Serpent : *Ennemi – Séduction – Transformation*
10♠. Larmes, chagrin	36. La Croix : *Douleur – Fardeau – Ombres*
9♠. Fatalité, fin	10. La Faux : *Fin – Cycle – Imprévu*
8♠. Maladie, fatigue	23. La Souris : *Soucis – Faiblesse – Maladie*
7♠. Espoir, ombre	6. Le Nuage : *Obstacle – Trouble – Épreuve*
2♠. Conseil, alliance	16. L'Étoile : *Guidance – Clarté – Inspiration*

Cartomancie classique	Attributions habituelles du Petit Lenormand
A♣. Bonheur, fortune	25. L'Anneau : *Union – Engagement – Complémentarité*
R♣. Ami, protection	6. Le Nuage : *Obstacle – Trouble – Épreuve*
D♣. Amie, sincérité	7. Le Serpent : *Ennemi – Séduction – Transformation*
V♣. Jeune ami, fougue	11. La Verge : *Colère – Conflit – Tension*
10♣. Patrimoine, stabilité	15. L'Ours : *Puissance – Repli – Réserves*
9♣. Faveur, élévation	14. Le Renard : *Ruse – Indépendance – Égoïsme*
8♣. Dynamisme, changement	21. Le Mont : *Obstacle – Contretemps – Défi*
7♣. Monnaie, compensation	23. La Souris : *Soucis – Faiblesse – Maladie*
6♣. Le présent, vivre l'instant	36. La Croix : *Douleur – Fardeau – Ombres*

Cartomancie classique	Correspondances « corrigées » du Petit Lenormand
A♣. Bonheur, fortune	31. Le Soleil : *Bonheur – Succès – Énergie*
R♣. Ami, protection	28. Le Monsieur : *Consultant – Homme proche – Masculin*
D♣. Amie, sincérité	29. La Dame : *Consultante – Femme proche – Féminin*
V♣. Jeune ami, fougue	13. L'Enfant : *Nouveauté – Innocence – Immaturité*
10♣. Patrimoine, stabilité	35. L'Ancre : *Stabilité – Solidité – Inertie*
9♣. Faveur, élévation	32. La Lune : *Inconscient – Intuition – Renommée*
8♣. Dynamisme, changement	17. La Cigogne : *Naissance – Changement – Dynamisme*
7♣. Monnaie, compensation	2. Le Trèfle : *Chance – Opportunité – Petit gain*
2♣. Doute, hésitation	22. Les Chemins : *Choix – Doutes – Hésitation*

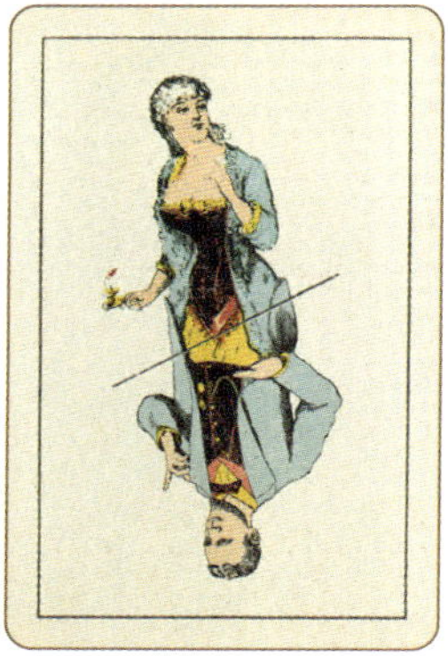

LA CARTE CONSULTANT·E

Bien que Mlle Lenormand n'évoque pas l'usage d'une carte spécifique pour représenter la personne qui consulte l'oracle, j'ai choisi de l'ajouter dans ce jeu. Cette carte, totalement optionnelle, reste néanmoins pratique.

En effet, Mlle Lenormand utilisait des jeux de 32 cartes classiques, et disposait donc de douze figures (quatre Valets, Dames et Rois) pour représenter la personne qui la consultait. Ce qui lui laissait alors onze autres cartes de cour disponibles pour évoquer les personnes intervenant dans les tirages.

Le Jeu de l'espoir (ou Petit Lenormand) ne possède qu'un personnage féminin et un autre masculin : la Dame et le Monsieur. Utiliser l'un d'eux pour représenter la personne qui consulte (ce qui est habituellement admis avec le Petit Lenormand) empêche d'avoir un autre personnage du même sexe dans les tirages.

La carte Consultant · e étant neutre, elle offre la possibilité de représenter n'importe quel personne, en laissant alors la carte de la Dame et celle du Monsieur disponibles pour le reste du tirage. Son usage reste néanmoins purement facultatif.

N.B. : Si vous utilisez cette carte lors des tirages en grand tableau (puisqu'aucune case n'est attribuée à la carte Consultant · e), il suffit de la recouvrir par la carte qui sort juste après. Et si la carte Consultant · e est la toute dernière du tas à sortir, on la place alors sous la toute première carte déposée sur le plateau (sur la première case).

1 – LE CAVALIER

Nouvelles – Nouveauté – Dynamisme

La carte illustre un coursier venant de loin et apportant des nouvelles, comme un souffle nouveau. Il annonce une rencontre, une visite ou l'arrivée d'un message important ou d'une proposition, souvent inattendus. Son dynamisme évoque la nouveauté, des idées fraîches et novatrices, l'activité, l'optimisme, mais aussi le côté sportif, athlétique et souple.

Dans l'Horoscope de Séni, il peut être associé à la planète Mercure, évoquant les bénéfices dans les commerces, les spéculations et les conseils.

Nouvelle attribution

Le Valet de Carreau : Dans la cartomancie classique, il représente un messager, un jeune homme adroit et voyageur, parfois en uniforme (militaire, facteur, etc.). Il est porteur de nouvelles et prêt à se rendre utile.

Habituellement dans le Petit Lenormand

Le Valet de Carreau y est attribué à la Faux (symbole de fin, de cycle et d'imprévu).

Le Cavalier y est associé au 9 de Cœur (symbole de réussite, de victoire et de satisfaction).

2 – LE TRÈFLE

Chance – Opportunité – Petit gain

Il illustre un coup de chance, une opportunité à saisir. Son côté rare et éphémère précise que ce bénéfice n'est que léger ou temporaire. Il reste un symbole d'heureux hasard, d'un coup du destin, d'une réussite inattendue bien que brève.

Aucune correspondance directe avec l'Horoscope de Séni.

Nouvelle attribution

Le 7 de Trèfle : Il représente en cartomancie une petite rentrée d'argent, une compensation modeste, mais une surprise agréable, un petit succès (pas forcément pécunier), une chance.

Habituellement dans le Petit Lenormand

Le 7 de Trèfle y est attribué aux Souris (symbole de soucis, de faiblesse et de maladie).

Le Trèfle y est associé au 6 de Carreau (symbole de serviabilité, de dévouement et de sacrifice).

3 – LE VAISSEAU

Mouvement – Voyage – Projet

Il permet des trajets sur de grandes distances (par terre, sur mer ou par les airs). Ce sont de grands mouvements, voire des changements ; il s'agit de voyages courts comme longs, et généralement agréables. C'est aussi un symbole de fortune, car seuls les grands commerçants pouvaient autrefois posséder un navire, et tout le monde ne pouvait s'offrir de grands voyages. Le Vaisseau indique un désir d'aventure, l'exploration, mais aussi parfois le départ, l'éloignement, la séparation.

Dans l'Horoscope de Séni, il est associé à la constellation du Navire (Argo) évoquant les grands changements, les mouvements et les voyages.

Nouvelle attribution

Le 10 de Carreau : De tout temps la carte des voyages et des déplacements, elle évoque aussi une réussite matérielle qui demande tout de même de rester prudent dans ses préparatifs.

Habituellement dans le Petit Lenormand

Le 10 de Carreau y est attribué au Livre (symbole de sagesse, de connaissance et de mystère).

Le Vaisseau y est associé au 10 de Pique (symbole d'angoisses, de peines et de tourments).

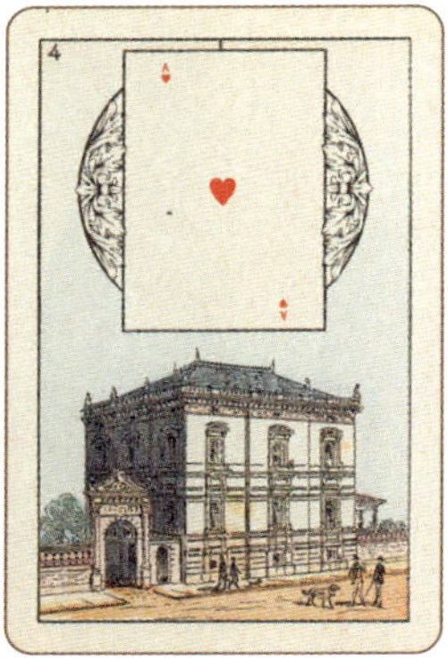

4 – LA MAISON

Foyer – Harmonie – Réunion

Elle illustre à merveille la notion de foyer, d'endroit de réception pour y accueillir les gens que l'on aime. Ses différentes pièces racontent des histoires, des préparations de bons plats dans la cuisine, des repas dans la salle à manger, des soirées festives dans le salon, des grillades et brunchs dans le jardin aux beaux jours... C'est aussi le refuge, l'endroit où l'on se ressource, où l'on se sent en sécurité. C'est parfois le travail à domicile. Attention toutefois à ne pas devenir trop casanier.

Dans l'Horoscope de Séni, elle peut être associée à « La Maison du Ciel », évoquant le foyer et les bonheurs à domicile.

Nouvelle attribution

L'As de Cœur : C'est une carte de réunions harmonieuses, de plaisirs partagés autour d'une bonne table, synonyme de bons moments avec les proches. Elle évoque la famille et le foyer.

Habituellement dans le Petit Lenormand

L'As de Cœur y est attribué au Monsieur (symbole du consultant, ou un homme proche de la consultante).

La Maison y est associée au Roi de Cœur (symbole de sagesse, de maturité et de conseils).

5 – L'ARBRE

ANCRAGE – BIEN-ÊTRE – SANTÉ

Il évoque la nature, l'environnement, le bien-être, et par extension la santé. Il est lent à pousser mais sa croissance lente lui permet de déployer de profondes racines ; aussi il peut indiquer quelque chose qui met du temps à se réaliser pour prendre le temps de s'ancrer. En tant que vieil arbre, il rappelle la sagesse ancestrale, et ses ramifications illustrent la généalogie, le côté héréditaire des choses (éventuellement sur le plan de la santé), le transgénérationnel. Il est l'allégorie de notre corps physique et de notre mode de vie, que l'on doit entretenir pour qu'il soit le plus sain et naturel possible.

Aucune correspondance directe avec l'Horoscope de Séni.

Nouvelle attribution

Le 8 de Carreau : Il représente la campagne, les petits déplacements, le fait de se mettre au vert, de prendre un temps pour soi, ou un simple pique-nique au grand air… Il s'agit d'une question de bien-être.

Habituellement dans le Petit Lenormand

Le 8 de Carreau y est attribué à la Clé (symbole de solution, de libération et de réussite).

L'Arbre y est associé au 7 de Cœur (symbole de pensées, d'amitié et de fidélité).

6 – LE NUAGE

Obstacle – Trouble – Épreuve

Il représente une ombre, mais qui ne fait que passer. Car s'il dissimule parfois le soleil, ce dernier refait toujours surface à un moment ou à un autre. Cette carte ambiguë annonce une épreuve imprévisible qui ne sera que de courte durée. Elle peut parler également de dissimulation et d'illusions (proche de La Lune particulièrement), fait planer la confusion et l'incertitude. Son côté sombre annonce ce qui est assombri, son côté clair indique ce qui est en train de se dévoiler. La carte du Soleil annule souvent son effet négatif.

Dans l'Horoscope de Séni, il peut être associé aux Nuages, annonçant des petits soucis passagers.

Nouvelle attribution

Le 7 de Pique : Cette carte trouble représente à la fois une situation floue et l'espérance d'une amélioration. Attente et hésitation sont de mise, c'est une période sombre mais qui tend à s'éclaircir.

Habituellement dans le Petit Lenormand

Le 7 de Pique y est attribué à la Lettre (symbole d'informations, de courriers et de papiers).

Le Nuage y est associé au Roi de Trêfle (symbole de protection, d'amitié et d'appui).

7 – LE SERPENT

ENNEMI – SÉDUCTION – TRANSFORMATION

Il illustre cette notion du mal caché, prêt à frapper à tout instant. Le serpent a ce côté séducteur hypnotique qui use de ses victimes, il représente un marionnettiste indiscret mais habile, prêt à tous les vices et ruses pour arriver à ses fins. L'envie et la jalousie rôdent, de même que la tentation de céder à la perfidie. Méfiez-vous des beaux parleurs, ne confiez pas vos secrets aux mauvaises personnes… C'est aussi parfois un symbole de séduction sensuelle. Le serpent change de peau et peut annoncer une sorte de renaissance personnelle dans certains cas.

Dans l'Horoscope de Séni, il peut être associé à la constellation de l'Hydre/Serpent, annonçant jalousie et commérages.

Nouvelle attribution

Le Valet de Pique : Assez mal réputé en cartomancie, il est généralement l'image du traître et du menteur. Curieux avant tout, voire intrusif, parfois brutal, il incarne tout ce qui est caché, secret. La séduction fait aussi partie de ses atouts, mais il représentera alors un amant officieux ou un rival.

Habituellement dans le Petit Lenormand

Le Valet de Pique y est attribué à l'Enfant (symbole de nouveauté, d'innocence et d'immaturité).

Le Serpent y est associé à la Dame de Trèfle (symbole de jovialité, de prodigalité et d'amitié sincère).

8 – LE CERCUEIL

CONCLUSION – CHAGRIN – PERTE

Il incarne la tristesse profonde et inconsolable, un état d'esprit qui refuse de lâcher prise pour accepter le changement et s'accroche encore douloureusement à ce qui n'est plus. C'est pourtant une carte de conclusion, de page qui se tourne pour accueillir du nouveau, mais qui est vue à la manière d'un deuil. Il est souvent dit que la direction où est tournée la tête du cercueil indique ce qui prend fin, alors que ses pieds (parfois recouverts d'un drap selon les versions) indiquent ce qui est à naître de cette transformation.

Aucune correspondance directe avec l'Horoscope de Séni.

Nouvelle attribution

Le 2 de Carreau : Autrefois nommée « absence », cette carte évoque un chagrin lié à un sentiment d'absence ou d'éloignement. Il peut s'agir d'une réalité comme d'une simple peur ou impression.

Habituellement dans le Petit Lenormand

Le 2 de Carreau n'a pas de correspondance avec le Petit Lenormand puisqu'il inclut généralement les 6 et non les 2.

Le Cercueil y est associé au 9 de Carreau (symbole de retard, de contretemps et de pause).

9 – LE BOUQUET

Surprise – Cadeau – Invitation

Il vient à vous comme une invitation. Sa beauté et son raffinement sont empreints de délicatesse et de douceur. C'est un cadeau modeste que l'on vous tend, une proposition agréable qui vous surprend. Il annonce la joie, les plaisirs simples mais sincères, l'épanouissement, des visites ou des réceptions. Malgré son aspect éphémère, son élégance rappelle le lien que cette carte entretient avec toute forme d'art et d'esthétique.

Aucune correspondance directe avec l'Horoscope de Séni.

Nouvelle attribution

Le 8 de Cœur : Il incarne en cartomancie une jeune fille blonde, mais est synonyme de douceur et de satisfaction. La carte parle d'une invitation, d'un rendez-vous, d'une attention tendre. Elle atténue les présages négatifs qui peuvent l'entourer.

Habituellement dans le Petit Lenormand

Le 8 de Cœur y est attribué à la Lune (symbole d'inconscient, d'imagination et de renommée).

Le Bouquet y est associé à la Reine de Pique (symbole de solitude, de rigidité et d'amertume).

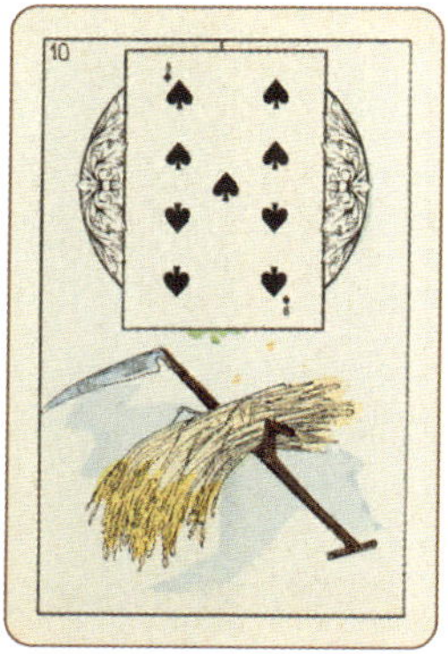

10 – LA FAUX

Fin – Cycle – Imprévu

Elle n'est plus à présenter. Symbole tranchant qui coupe net, met fin, termine, achève, récolte, tombe sans sommation de manière inéluctable… Elle annonce le danger du côté de la carte vers où sa pointe est tournée, de l'autre les ressources pour l'affronter. Ce peut aussi être un signe de récolte des graines semées, le fruit d'un effort, la loi du Karma.

Dans l'Horoscope de Séni, elle peut être associée à la Faucille (symbole de Saturne) qui évoque la récolte des graines semées, la durée dans le temps, et les petits désagréments de santé.

Nouvelle attribution

Le 9 de Pique : Dans la cartomancie, cette carte a toujours été la plus funeste. Mlle Lenormand aurait prédit son exécution à Robespierre avec ce 9. Sans pour autant être symbole de mort physique, elle reste une carte de coup du sort, d'imprévus, des fins de toute sorte.

Habituellement dans le Petit Lenormand

Le 9 de Pique y est attribué à l'Ancre (symbole de stabilité, de sécurité et d'inertie). Il s'agit donc de l'un des exemples les plus flagrants illustrant le fait que les symboliques du Petit Lenormand divergent des significations utilisées par Mlle Lenormand.

La Faux y est associée au Valet de Carreau (symbole de d'habileté, d'utilité et de nouvelles).

11 – LA VERGE

Colère – Conflit – Tension

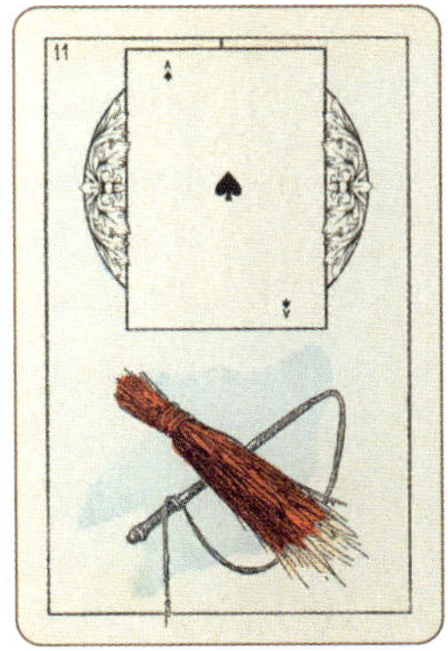

Cette sorte de fouet ou de martinet (parfois représenté comme un balai dans certains Lenormand) est un objet associé à la colère et aux disputes, aux querelles comme aux punitions. Quelque chose de violent, mais aussi de répétitif, qui revient de manière cyclique, récurrent et pénible. Selon les tirages, cette carte peut néanmoins parler de sexualité, bien qu'assez brutale, sous certaines formes de jeux et de fantasmes débridés (à l'opposé de la carte « Le Lys » qui représente un aspect très tendre et exalté du sexe).

Dans l'Horoscope de Séni, elle peut être associée à la constellation du Charretier (Auriga), évoquant la promptitude des événements, des changements rapides, mais avertit aussi de la pression sous laquelle on peut être.

Nouvelle attribution

L'As de Pique : En cartomancie, elle est la carte des tensions et du stress. Mais elle est aussi une carte de sensualité et de sexualité (nommée autrefois « Vénus »). On lui attribue aussi les notions de rendez-vous officiels, de papiers d'affaires et de démarches légales.

Habituellement dans le Petit Lenormand

L'As de Pique y est attribué à la Dame (symbole de la consultante, ou une femme proche du consultant).

La Verge y est associée au Valet de Trèfle (symbole de vivacité, de nouveauté et d'honnêteté).

12 – LES OISEAUX

Pourparlers – Discussions – Caquets

Ils piaillent sans cesse. Si on les regarde en groupe, ils donnent rarement l'impression de s'écouter les uns les autres, et semblent avoir pour seule motivation d'être celui qui chante le plus fort. Leurs cris, comme leurs mouvements, sont vifs et rapides, pouvant aussi représenter l'aspect tendu ou stressant d'une situation. C'est évidemment une carte d'expression et de communication, mais qui souligne le fait de ne pas être vraiment écouté ou de ne pas réellement écouter les autres. Elle indique aussi tout groupement de personne (la carte qui suit indique généralement le type de personnes en question).

Dans l'Horoscope de Séni, ils peuvent être associés à la Lune de Saturne Dioné (représenté dans l'oracle par un oiseau sur une branche) qui parle d'attention qui vient à nous et de bons sentiments qu'il faut être à même de comprendre.

Attribution conservée du Petit Lenormand

Le 7 de Carreau : Il est conservé ici car il correspond bien à la symbolique de la carte classique. C'est une carte de conversation, de bavardages... À l'origine plutôt synonyme de « prise de bec », de ragots et de cancans, elle est devenue avec le temps la carte de la communication.

13 – L'ENFANT

Nouveauté – Innocence – Immaturité

Il évoque la nouveauté, la naissance d'une chose (projet, entreprise, relation...). Nous y retrouvons aussi ce regard d'enfant, parfois naïf ou impatient, qui ne réfléchit pas toujours et se laisse porter par son cœur. Par manque d'expérience, il peut être immature voire puéril, et annonce une situation à ses balbutiements qui doit évoluer si l'on veut la voir prospérer. C'est aussi une valeur de simplicité et d'émerveillement.

Dans l'Horoscope de Séni, il peut être associé à l'étoile de la nativité (ou étoile de Bethléem), parlant d'enfant, de jeunesse et de miséricorde.

Nouvelle attribution

Le Valet de Trèfle : C'est un jeune homme astucieux. Autrefois symbole de flatterie et de passion, il reste un être ingénieux qui s'émerveille de tout et aime expérimenter. Sa spontanéité juvénile le rend parfois irréfléchi et capricieux.

Habituellement dans le Petit Lenormand

Le Valet de Trèfle y est attribué à la Verge (symbole de colère, de conflit et de tension).

L'Enfant y est associé au Valet de Pique (symbole de fausseté, d'hypocrisie et de mensonge).

14 – LE RENARD

Ruse – Indépendance – Égoïsme

Il évoque la malice, l'astuce, l'intelligence, mais aussi l'égoïsme et la fourberie. Cette image sournoise et manipulatrice met en garde contre un entourage peut-être moins franc qu'espéré. La carte conseille la prudence et la ruse. Elle peut aussi représenter l'activité d'une personne au travail indépendant, ou en lien avec une clientèle qu'il faut souvent usurper à la concurrence.

Aucune correspondance directe avec l'Horoscope de Séni.

Nouvelle attribution

La Reine de Carreau : Femme d'affaires forte et indépendante, elle a souvent représenté en cartomancie la rivale jalouse et l'orgueil. Elle est prête à tout pour réaliser ses objectifs, particulièrement sur le plan matériel, et son ego l'empêche de s'inquiéter des dommages collatéraux.

Habituellement dans le Petit Lenormand

La Reine de Carreau y est attribuée aux Chemins (symbole de choix, de doutes et de libre arbitre).

Le Renard y est associé au 9 de Trèfle (symbole d'amélioration, d'élévation et de faveur).

15 – L'OURS

PUISSANCE – REPLI – RÉSERVES

Il donne cette impression de force et de puissance, mais aussi de violence imprévisible. Dans le Petit Lenormand, cette carte parle des possessions, des réserves financières, de protection, mais peut aussi représenter une personne un peu dure, autoritaire, voire brutale, souvent solitaire ou sauvage. Ce peut aussi être un patron, un tuteur, un maître, un (ex-) mari ou autre.

Dans l'Horoscope de Séni, il peut être associé à la constellation de la Grande Ourse, évoquant un ennemi puissant ou un patron rendant impuissant, et une force brute.

Nouvelle attribution :

Le Roi de Pique : Autrefois nommé « homme de robe » en référence aux professions juridiques ou médicales, c'est un homme puissant, implacable et solitaire, souvent divorcé ou veuf, dont la grande influence peut jouer tant en faveur qu'en défaveur de la personne qui consulte l'oracle.

Habituellement dans le Petit Lenormand

Le Roi de Pique y est attribué au Lys (symbole de paix, de douceur et de maturité).

L'Ours y est associé au 10 de Trèfle (symbole d'acquis, de patrimoine et de stabilité).

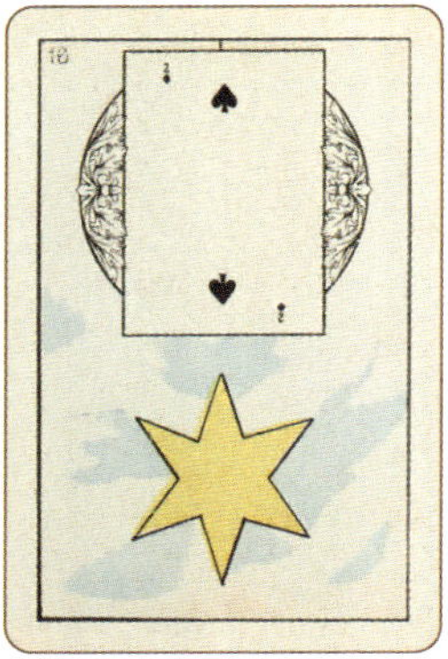

16 – L'ÉTOILE

GUIDANCE – CLARTÉ – INSPIRATION

Elle indique une direction à suivre, elle oriente les voyageurs même dans les nuits les plus sombres. Elle est un soutien infaillible, un guide précieux, une aide salutaire. Elle évoque aussi l'inspiration, la clarté d'esprit, la foi, la protection de sa bonne étoile. Certains peuvent y voir un signe de la Destinée en référence à l'astrologie, d'autres y voient aussi les nouvelles technologies et tout ce qui relie et crée un réseau (Internet, etc.).

L'Horoscope de Séni contient un trop grand nombre de cartes représentant une étoile (l'étoile du matin, l'étoile du soir, la comète, les Pléiades…) pour pouvoir en attribuer une spécifiquement à cette carte.

Nouvelle attribution

Le 2 de Pique : Originellement carte d'entente et d'amitié, elle évoque surtout les bons avis et les conseils d'un entourage bienveillant et protecteur.

Habituellement dans le Petit Lenormand

Le 2 de Pique n'a pas de correspondance avec le Petit Lenormand puisqu'il inclut généralement les 6 et non les 2.

L'Étoile y est associée au 6 de Cœur (symbole de souvenirs, de nostalgie et d'innocence).

17 – LA CIGOGNE

Naissance – Changement – Dynamisme

Elle évoque le dynamisme, le changement qui libère d'une inertie stagnante. Elle s'occupe des autres et les aide à mener à bien leurs projets. Les chamboulements qu'elle annonce sont faits pour aller vers une amélioration, vers des circonstances de vie plus agréables. Elle éloigne des dangers et des tracas, menant à de meilleurs horizons. La carte qui fait dos à la Cigogne annonce ce qui va être laissé, celle vers laquelle son vol se dirige indique l'orientation de ce changement. C'est aussi l'allégorie de la fécondité et de la naissance.

Aucune correspondance directe avec l'Horoscope de Séni.

Nouvelle attribution

Le 8 de Trèfle : Cette carte énergique représentait autrefois une jeune fille brune spontanée et sympathique, dynamisant notre vie en y apportant de la nouveauté.

Habituellement dans le Petit Lenormand

Le 8 de Trèfle y est attribué à la Montagne (symbole d'obstacle, de contretemps et de défi).

La Cigogne y est associée à la Reine de Cœur (symbole d'apaisement, de douceur et d'intuition).

18 – LE CHIEN

AMITIÉ – SINCÉRITÉ – FIDÉLITÉ

Il incarne le compagnon fidèle, une personne de confiance, à l'écoute, et de bon conseil car il a du flair. C'est une personne qui pense bien à vous, qui vous connaît et vous suit, même de loin. Ce dévouement évoque aussi les amours platoniques, et parfois même une forme d'obéissance, voire de dépendance.

Dans l'Horoscope de Séni, il peut être associé à la constellation du Chien (Sirius), évoquant les amis ou des personnes socialement « inférieures » à soi, pouvant avoir un rôle positif ou négatif dans nos vies.

Nouvelle attribution

Le 7 de Cœur : Traditionnellement nommée « la pensée », il est vite devenu synonyme des pensées affectueuses que les autres nous portent, et donc de l'amitié sincère et dévouée.

Habituellement dans le Petit Lenormand

Le 7 de Cœur y est attribué à l'Arbre (symbole d'ancrage, de bien-être et de santé).

Le Chien y est associé au 10 de Cœur (symbole de sorties, de fêtes et de mondanités).

19 – LA TOUR

Solitude – Isolement – Supériorité

Droite, figée et isolée : tour d'ivoire ou cage dorée, l'idée reste cette notion d'enfermement, volontaire ou non. L'attitude est celle de prendre les choses de haut et avec rigidité, voir la vie depuis une petite lucarne en acceptant ses œillères. Il s'agit du contrecoup de l'indépendance et de la solitude. Par extension, elle évoque aussi parfois les bâtiments et diverses institutions, tout ce qui est officiel, l'administration.

Aucune correspondance directe avec l'Horoscope de Séni.

Nouvelle attribution

La Dame de Pique : Autrefois figure de la veuve, souvent douairière, elle représentait les femmes seules et indépendantes (célibataires, divorcées…). Que sa solitude soit choisie ou subie, c'est une femme de tête très lucide, bien que souvent froide et parfois hautaine ou aigrie, voire dépressive.

Habituellement dans le Petit Lenormand

La Dame de Pique y est attribuée au Bouquet (symbole de surprise, de cadeau et d'invitation).

La Tour y est associée au 6 de Pique (symbole d'horizons inconnus et de chemin difficile).

20 – LE JARDIN

Société – Rencontres – Mondanités

Il est de ces jardins de la Belle Époque, paysagers, aménagés avec leurs kiosques, sculptures et ornements, où les gens du monde se retrouvaient. Les jardins publics étaient des lieux de rencontre où l'on aimait être vu et où l'on pouvait côtoyer toute sorte de personnes. C'est un symbole de rassemblement, de communauté, de public, de société mais aussi d'extérieur et de plein air. Fête, divertissement, festival : cette carte peut évoquer l'aspect superficiel voire éphémère de ces connaissances mondaines, la foule, les abus et le manque de retenue.

Aucune correspondance directe avec l'Horoscope de Séni.

Nouvelle attribution

Le 10 de Cœur : Elle a de tout temps été une carte festive et sociale, synonyme de sorties. Autrefois nommée « la ville », elle en évoquait les mondanités et ses rencontres profitables.

Habituellement dans le Petit Lenormand

Le 10 de Cœur y est attribué au Chien (symbole d'amitié, de sincérité et de fidélité).

Le Jardin y est associé au 8 de Pique (synonyme de maladie, de diminution et de critique).

21 – LA MONTAGNE

Obstacle – Contretemps – Défi

Elle symbolise l'obstacle, la difficulté, l'impasse, tout ce qui retarde et contrarie, mais aussi la notion de défi et la volonté de surmonter l'épreuve. Impressionnante, lointaine, difficile et rigide, cette barrière peut parfois aussi être une protection, un rempart contre les attaques extérieures. Généralement (et selon l'édition), la carte à la gauche de celle-ci indique dans quelle direction se trouve l'impasse, celle à sa droite annonce plutôt l'issue.

Dans l'Horoscope de Séni, elle peut être associée à la constellation d'Andromède (représentée dans l'oracle par un rocher), parlant d'épreuves, d'anxiété, de conséquences, mais aussi de constance.

Nouvelle attribution

Le 9 de Carreau : C'est la carte des retards et des contretemps – en de rares cas, des ajournements. Souvent contrariante, elle demande de mettre à profit ce temps pour reconsidérer les choses et peut s'avérer alors profitable quand on l'aborde avec patience et persévérance.

Habituellement dans le Petit Lenormand

Le 9 de Carreau y est attribué au Cercueil (symbole de conclusion, de chagrin et de perte).

La Montagne y est associée au 8 de Trèfle (synonyme de mouvement, dynamisme, profit).

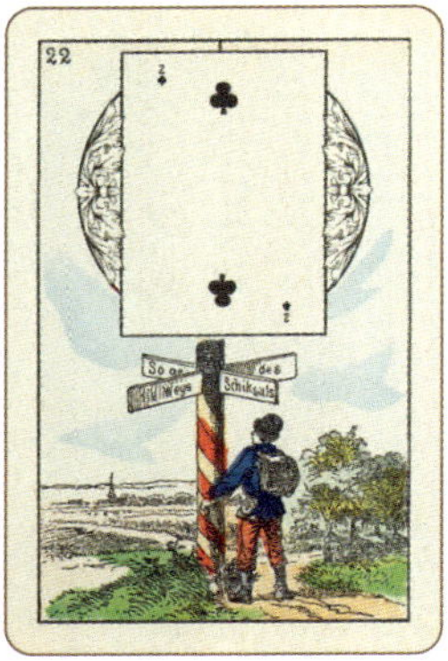

22 – LES CHEMINS

Choix – Doutes – Libre arbitre

Ils représentent un choix à faire, une décision à prendre, les doutes et les incertitudes qui vont de pair et bloquent l'avancée. Cette carte prévient de décisions à prendre, demande de faire un choix, de se préparer à un tournant dans sa vie... Si elle évoque l'ambiguïté, elle n'en reste pas moins la carte du libre arbitre qui indique que le choix vous appartient, même s'il n'est pas toujours facile de trancher. C'est un appel à retrouver confiance en soi pour asseoir ses opinions et assumer ses décisions afin de pouvoir avancer, quelle que soit la direction.

Aucune correspondance directe avec l'Horoscope de Séni.

Nouvelle attribution

Le 2 de Trèfle : Il évoque l'embarras causé par le doute et l'hésitation. Il parle d'un choix difficile, parfois d'inquiétudes exagérées et autolimitantes qui empêchent l'avancée. Le 2 de Deniers du Tarot de Waite (qui correspond à cette carte) illustre à merveille ces notions.

Habituellement dans le Petit Lenormand

Le 2 de Trèfle n'a pas de correspondance avec le Petit Lenormand puisqu'il est inclut généralement les 6 et non les 2.

Les Chemins y sont associés à la Dame de Carreau (synonyme d'orgueil, d'ego et de rivalité).

23 – LES SOURIS

Soucis – Faiblesse – Maladie

Elles illustrent à merveille ce qui ronge, empoisonne et décline, sur tous les plans. Elles grignotent les réserves, diminuant la récolte du travail fourni, amoindrissent les sentiments, affaiblissent la santé, etc. Cette faculté à diminuer lentement les choses peut aussi tourner à l'avantage si elles décident de s'attaquer à quelque chose de négatif (comme la Montagne, par exemple) : la carte qui la suit indique généralement ce qu'elles atteignent. Les souris véhiculant diverses maladies, elles indiquent aussi des possibles problèmes de santé (notamment quand la carte est proche de l'Arbre).

Aucune correspondance directe avec l'Horoscope de Séni.

Nouvelle attribution

Le 8 de Pique : Elle a toujours été la carte de la faiblesse et de la diminution (morale, physique ou matérielle). Etteilla la disait signe de maladie « d'esprit, de corps, de bourse, etc. » Elle est la perte lente d'une chose, annonçant parfois des critiques ou des coups bas.

Habituellement dans le Petit Lenormand

Le 8 de Pique y est attribué au Jardin (symbole de société, de rencontres et de mondanités).

Les Souris y sont associées au 7 de Trèfle (synonyme de chance, de compensation et de modestie).

24 – LE CŒUR

AFFECTION – ÉMOTIONS – LÉGÈRETÉ

Il représente l'amour sincère, le romantisme, la douceur, la tendresse, la compatibilité, les émotions... Cette image évoque à elle seule une infinité de sentiments agréables et délicats. Cette carte annonce tout ce qui a trait aux sentiments, à l'émoi, au bien-être, au bonheur, au plaisir...

Dans l'Horoscope de Séni, il peut être associé à l'étoile dite Cœur de Charles, qui évoque l'amour passionné et fidèle, les sentiments légers, mais aussi des sentiments en général.

Attribution conservée du Petit Lenormand

Le Valet de Cœur : Roméo de la cartomancie, il incarne l'aspect juvénile de l'émotion, un premier amour, un béguin. Sensible et dévoué, il peut parfois manquer un peu de maturité et s'avérer un peu léger, mais reste profondément sincère dans ses sentiments.

25 – L'ANNEAU

Union – Engagement – Complémentarité

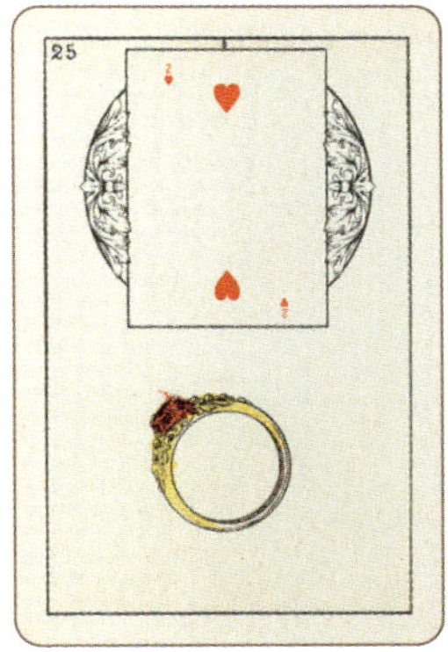

Il représente le mariage et l'union. Il est durable et représente le vœu d'engagement sur le long terme. Au-delà des fiançailles, il symbolise par extension toute forme d'engagement, d'association, de contrat… C'est aussi une promesse, un lien, une obligation. Sa position ou les cartes qui l'entourent peuvent en dire plus sur le sujet concerné. Parfois, sa forme circulaire est interprétée par certains cartomanciens comme un symbole de protection ou d'une chose cyclique.

Dans l'Horoscope de Séni, il peut être associé à l'Anneau de Saturne, évoquant les mariages et associations en tout genre.

Nouvelle attribution

Le 2 de Cœur : C'est une carte d'amour, d'union, de complémentarité, d'entente, d'harmonie, d'association, de fusion, de mariage, de fidélité, de loyauté…

Habituellement dans le Petit Lenormand

Le 2 de Cœur n'a pas de correspondance avec le Petit Lenormand puisqu'il est inclut généralement les 6 et non les 2.

L'Anneau y est associé à l'As de Trèfle (symbole de succès, d'honneurs et de chance).

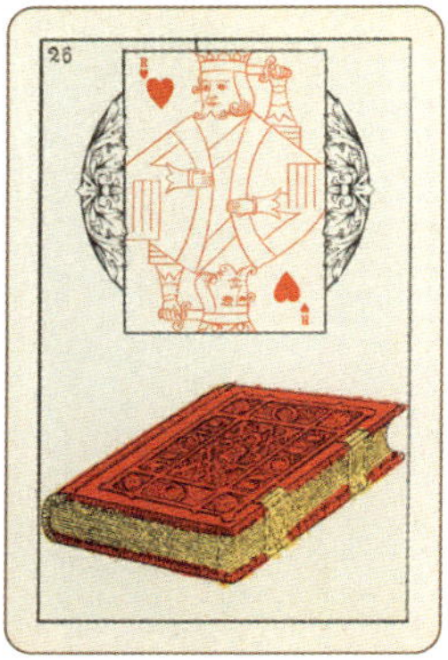

26 – LE LIVRE

SAGESSE – CONNAISSANCE – MYSTÈRE

Il symbolise la connaissance, mais aussi le mystère à découvrir (le livre reste encore à ouvrir), l'inconnu, ainsi que l'enseignement et l'instruction. Il annonce une découverte, une révélation, un secret dévoilé, une prise de conscience. L'intelligence, l'expérience, la connaissance, les études, l'écriture, les conseils avisés se retrouvent en lui.

Aucune correspondance directe avec l'Horoscope de Séni.

Nouvelle attribution

Le Roi de Cœur : C'est le sage de la cartomancie. Homme mûr et d'expérience, dont la connaissance n'a d'égale que la sensibilité, il incarne le patriarche au cœur tendre qui aime prodiguer ses bons conseils avec bienveillance.

Habituellement dans le Petit Lenormand

Le Roi de Cœur y est attribué à la Maison (symbole de foyer, d'harmonie et de réunions).

Le Livre y est associé au 10 de Carreau (synonyme de voyage, de départ et de mouvement).

27 – LA LETTRE

Informations – Courriers – Papiers

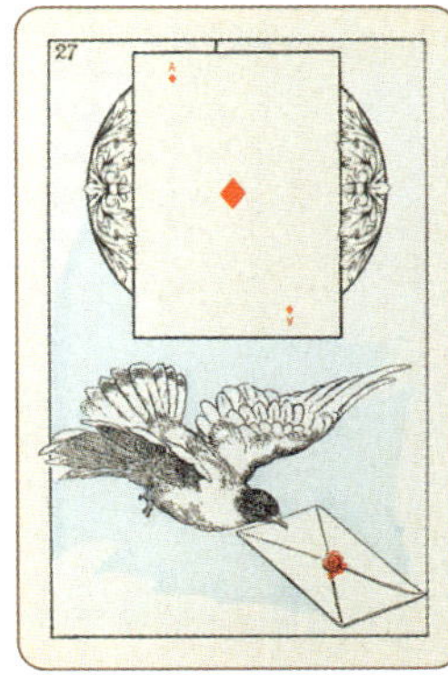

Elle est le symbole le plus éloquent pour parler de nouvelles diverses. Son pli discret renferme différents éléments qui permettront d'apprendre quelque chose. La lettre évoque toujours de nouvelles informations, qu'elles soient bonnes ou mauvaises. Il peut aussi s'agir d'un document écrit (texte, publicité, contrat, testament...), et donc aussi tout papier – officiel ou non.

Dans l'Horoscope de Séni, elle peut être associée à la planète Mercure (représentée par une lettre dans l'oracle), annonçant bien entendu toute sorte de nouvelles venant par courrier.

Nouvelle attribution

L'As de Carreau : Bien que cette carte ait représenté la nouveauté, elle est vite devenue celle des nouvelles. Dans la cartomancie classique, elle représente les échanges écrits, les papiers, et de manière plus moderne les e-mails, les sms...

Habituellement dans le Petit Lenormand

L'As de Carreau y est attribué au Soleil (symbole de bonheur, de succès et d'énergie).

La Lettre y est associée au 7 de Pique (synonyme d'espoir, d'ombre et de persévérance).

28 – LE MONSIEUR

Consultant – Homme proche – Masculin

Il représente généralement le consultant dans un tirage. Si ce n'est pas le cas, cette carte peut alors annoncer un proche (ami, parent ou autres) qui agit dans l'entourage de la personne qui consulte. C'est une personne importante dans sa vie. Il est le symbole du masculin et de la virilité, de la polarité Yang dont il peut représenter tant les qualités que les défauts.

Dans l'Horoscope de Séni, il peut être associé à la constellation du Sagittaire (seule figure représentant un homme), évoquant un chasseur et toutes métaphores liées à la chasse.

Nouvelle attribution

Le Roi de Trèfle : En cartomancie, tous les rois représentent des hommes. Mais si nous devons faire un choix pour trouver le personnage le plus neutre et sympathique, c'est sur le Roi de Trèfle que nous tombons. Quand il n'est pas le consultant, il incarne l'ami sincère et dévoué, un protecteur bienveillant et dynamique.

Habituellement dans le Petit Lenormand

Le Roi de Trèfle y est attribué aux Nuages (symbole d'obstacle, de trouble et d'épreuve).

Le Monsieur y est associé à l'As de Cœur (synonyme de foyer, d'harmonie et de réunions).

29 – LA DAME

Consultante – Femme proche – Féminin

Elle représente généralement la consultante dans un tirage. Si ce n'est pas le cas, cette carte peut alors annoncer une proche (amie, conjointe, parente ou autre) qui agit dans l'entourage de la personne qui consulte. C'est une personne importante dans sa vie. Elle est le symbole du féminin et de la sensibilité, de la polarité Yin dont elle peut représenter tant les qualités que les défauts.

Dans l'Horoscope de Séni, elle peut être associée à la constellation de la Vierge, annonçant la douceur et les sentiments de paix, mais aussi d'orgueil.

Nouvelle attribution

La Reine de Trèfle : En cartomancie, toutes les Reines représentent des femmes. Mais si nous devons faire un choix pour trouver le personnage le plus neutre et sympathique, c'est sur la Reine de Trèfle que nous tombons. Quand elle n'est pas la consultante, elle incarne l'amie sincère et dévouée, une épicurienne bienveillante et dynamique.

Habituellement dans le Petit Lenormand

La Reine de Trèfle y est attribuée au Serpent (symbole d'ennemi, de séduction et de transformation).

La Dame y est associée à l'As de Pique (synonyme de tension, de nervosité et de pulsion).

30 – LE LYS

Paix – Douceur – Maturité

Il annonce une période de paix, de tendresse, de bienveillance. C'est aussi le symbole de la maturité et de l'expérience qui vient avec l'âge. Il s'agit d'une forme de maturité acquise par l'expérience. Cette carte peut aussi représenter la sexualité et les désirs, mais d'une manière généralement très pure et douce, voire spirituelle (contrairement à la carte 11 – « La Verge » qui représente une sexualité plus physique, voire débridée).

Dans l'Horoscope de Séni, il peut être associé à l'étoile Vega (représentée par des lys dans l'oracle), évoquant la pureté et l'innocence, la vertu et la foi.

Nouvelle attribution

La Reine de Cœur : Elle incarne la douceur même. C'est une matriarche mûre et accomplie, intuitive et sensuelle, diffusant autour d'elle un amour inconditionnel inspiré. Sa grande sensibilité évoque la réceptivité psychique (médiumnité), mais elle est aussi magnétique et séduit naturellement par sa grâce.

Habituellement dans le Petit Lenormand

La Reine de Cœur y est attribuée aux Cigognes (symbole de naissance, de changement et de dynamisme).

Le Lys y est associé au Roi de Pique (synonyme d'autorité, de droiture et de rudesse).

31 – LE SOLEIL

Bonheur – Succès – Énergie

Il éclaire de ses rayons éblouissants. Aucune ombre ni aucun nuage ne peut subsister lorsqu'il décide de briller. Et le Soleil donne son or de manière illimitée, en abondance permanente. Une personne couronnée de son auréole ne pourra que connaître les honneurs, le succès. La carte parle de vitalité, optimisme, personnalité rayonnante... Nous pouvons même extrapoler en parlant d'éveil spirituel, d'illumination. Traditionnellement, cette carte annule généralement les présages négatifs, tant que la carte des Nuages reste au loin (auquel cas ses bénédictions seront simplement retardées).

Dans l'Horoscope de Séni, il peut être associé au Soleil, annonçant le bonheur, la chance, le contentement durable et la richesse.

Nouvelle attribution

L'As de Trèfle : Il représente le succès éclatant, brillant, un coup de chance incroyable, une soudaine bonne fortune insolente et indétrônable. Dans un tirage, on dit qu'il amplifie les cartes positives et annule les négatives.

Habituellement dans le Petit Lenormand

L'As de Trèfle y est attribué à l'Anneau (symbole d'union, d'engagement et de complémentarité).

Le Soleil y est associé à l'As de Carreau (synonyme de nouvelles, d'information et de nouveauté).

32 – LA LUNE

Inconscient – Imagination – Renommée

Elle nous inspire avant tout de manière intuitive et sensible, mettant en avant nos émotions et notre inconscient. Pourtant, sa signification première a été oubliée. Elle était autrefois porteuse d'une autre symbolique : le fait qu'elle brille dans l'obscurité annonçait la renommée, la réputation, et donc par extension la carrière, l'ascension professionnelle, la reconnaissance des talents. « Lune au voisinage, d'honneurs est le présage », comme indiqué sur cette carte dans son édition chez Carta Mundi. Son côté magnétique attire les circonstances comme les marées, et son aspect cyclique peut rappeler les hauts et les bas de la vie. Elle indique aussi tout ce qui est lié à la nuit, au rêve et au monde des fantasmes.

Dans l'Horoscope de Séni, elle peut être associée à la Lune qui parle de richesse et de grands honneurs, de renommée et d'ambition.

Nouvelle attribution

Le 9 de Trèfle coïncide parfaitement avec la signification ancienne de cette carte. En effet, cette carte annonçait un bonheur conséquent, souvent sous forme d'une faveur ou d'une surprise. Mais en cartomancie, c'est aussi la carte utilisée pour représenter la carrière d'une personne, sa vie professionnelle, sa renommée.

Habituellement dans le Petit Lenormand

Le 9 de Trèfle y est attribué au Renard (symbole de ruse, d'indépendance et d'égoïsme).

La Lune y est associée au 8 de Cœur (synonyme d'invitation, de joie et d'émotion).

33 – LA CLÉ

Solution – Libération – Réussite

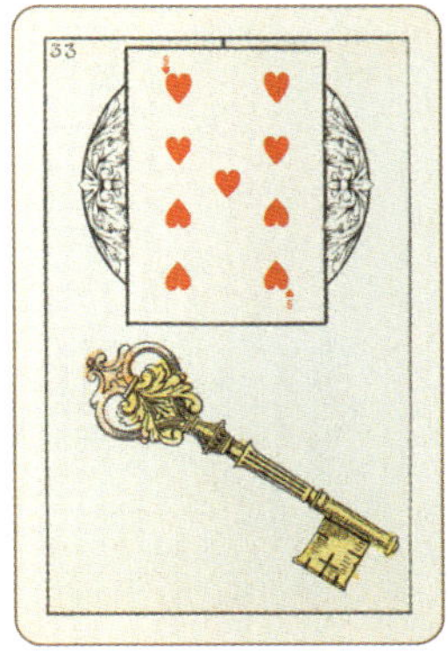

Telle une solution miracle, c'est l'objet qui déverrouille tout. Elle ouvre les portes, les coffres, les cœurs... Rien ne lui résiste car elle est faite pour ça, de manière parfaitement adaptée à la serrure (donc aux besoins). Elle est essentielle, nécessaire et évoque ce qui a de l'importance. Quand elle apparaît, elle éclaircit tous les présages (comme la carte du Soleil avec l'As de Trèfle), elle est un « oui » sûr. Mais même si elle a pour valeur première d'ouvrir, n'oublions pas qu'elle peut parfois fermer, clore, verrouiller selon les tirages. Généralement, elle « libère » de la carte vers laquelle elle est tournée.

Aucune correspondance directe avec l'Horoscope de Séni.

Nouvelle attribution

Le 9 de Cœur : Il a de tout temps été appelé « le grand neuf » du fait qu'il apportait une grande victoire dans un tirage (le 9 de Trèfle était alors le « petit neuf » pour symboliser une bénédiction, mais moindre à celle du 9 de Cœur). Il est la réussite, la satisfaction, la réalisation de nos souhaits les plus chers. Et comme pour l'As de Trèfle, il amplifie les cartes positives et atténue les négatives.

Habituellement dans le Petit Lenormand

Le 9 de Cœur y est attribué au Cavalier (symbole de nouvelles, de nouveauté et de dynamisme).

La Clé y est associée au 8 de Carreau (synonyme de campagne, de déplacement et de démarches).

34 – LES POISSONS

Prospérité – Fluidité – Commerce

Ils symbolisent la richesse, l'abondance. Comme dans les régions vivant de la pêche et de son commerce, c'est un signe de prospérité. Les poissons font partie de l'océan et évoquent aussi cette notion de lointain. De plus, ils rappellent l'expression « se sentir comme un poisson dans l'eau », en harmonie dans son élément (au travail, dans sa vie privée, etc.), ainsi que toute forme de fluidité, de liquides et donc de liquidités.

Dans l'Horoscope de Séni, ils peuvent être associés à la constellation des Poissons, évoquant la gaieté, l'indulgence et les plaisirs, mettant en garde contre les pièges de la vie et la quête de facilité.

Attribution conservée du Petit Lenormand

Le Roi de Carreau : C'est l'homme d'affaires de la cartomancie. Riche commerçant ou grand patron, il a su faire fructifier ses biens et faire fortune. Souvent homme lointain ou voyageant beaucoup, c'est un leader à l'autorité naturelle, qui peut être généreux (si son investissement peut être intéressant pour lui). Il incarne la carrière réussie et l'aisance matérielle, ainsi que tout ce qui a trait à l'argent et aux finances.

35 – L'ANCRE

Stabilité – Sécurité – Inertie

Dans le Jeu de l'espoir (ancêtre du Petit Lenormand), cette carte était le but à atteindre, représentant l'espoir (qui a donné son nom à ce jeu). Elle est avant tout un symbole de stabilité, de sécurité, de permanence et de fiabilité. Elle évoque une situation ou une personne persévérante, sérieuse et inébranlable, mais parfois aussi bornée, limitée et limitante, voire lourde. Elle reste généralement le symbole d'une chose qui s'ancre profondément et gagne en solidité.

Dans l'Horoscope de Séni, elle peut être associée à la constellation du Verseau (représentée par une Ancre dans l'oracle), symbole d'espoir et de stabilité.

Nouvelle attribution

Le 10 de Trèfle : Il nous parle d'acquis, de stabilité. Il s'appelait autrefois « maison » dans son sens matériel et pécuniaire, comme patrimoine. La carte est devenue celle des rentrées d'argent, de la prospérité et de son expansion, de bases solides, opposée aux notions fluctuantes du hasard.

Habituellement dans le Petit Lenormand

Le 10 de Trèfle y est attribué à l'Ours (symbole de puissance, de repli et de réserves).

L'Ancre y est associée au 9 de Pique (synonyme de fatalité, de ruine et d'accident).

36 – LA CROIX

Douleur – Fardeau – Ombres

Elle annonce les épreuves et le fardeau que l'on porte, ce qui nous pèse. Il s'agit d'une épreuve qui dépose sa chappe de chagrin sur nos vies et en nous. Cette carte nous invite à affronter nos peurs et nos ombres, pour nous en libérer et dépasser nos limites au travers de cette leçon difficile. Des douleurs, chagrins et sacrifices sont à prévoir, mais dans le but de les transmuter pour accéder à une nouvelle conscience et avancer dans une nouvelle direction. Certains cartomanciens y voient parfois une notion de spiritualité et de foi, mais traditionnellement cette carte avait plutôt mauvaise réputation. Lorsque l'on jouait au Jeu de l'espoir (ancêtre du Petit Lenormand), atterrir sur cette carte symbolisait même la perte de la partie.

Dans l'Horoscope de Séni, il peut être associé à la Croix du Sud, évoquant les médailles que l'on peut nous remettre, mais aussi la croix que l'on porte et la foi.

Nouvelle attribution

Le 10 de Pique : C'est de tout temps la carte des larmes et du chagrin. Réel ou imaginaire, ce mal-être vient plus souvent de l'intérieur que de circonstances extérieures. Il met en garde contre notre façon de vivre les choses, peut-être de manière plus dramatique qu'elles ne le sont réellement. C'est aussi la carte qui évoque tout ce qui peut se passer la nuit ou le soir.

Habituellement dans le Petit Lenormand

Le 10 de Pique y est attribué au Vaisseau (symbole de mouvement, de voyage et de projet).

La Croix y est associée au 6 de Trèfle (synonyme de vivre l'instant, le présent, l'ambition).

TIRER LES CARTES

Voyance ou guidance

Je me dois d'exposer ici une nuance importante à mes yeux, qui fait toute la différence. La cartomancie classique est réputée pour être très factuelle et permettre des prédictions éloquentes. Par exemple : Reine de Cœur + As de Carreau + 7 de Trèfles = une femme blonde vous envoie une lettre au sujet d'une petite rentrée d'argent.

Par expérience, je me suis rendu compte qu'utiliser les cartes pour de la simple prédiction factuelle peut avoir pour effet d'embrouiller la personne qui consulte dans ses questionnements. Elle ressort alors souvent de sa séance avec plus de questions que de réponses.

C'est pourquoi j'ai rapidement compris que les cartes ne servaient pas à prédire l'avenir, puisque chacun de nos choix peut influer sur notre devenir. Depuis de nombreuses années maintenant, j'appelle mes cartes « mes conseillères ». En effet, je les vois plus comme des amies capables de m'aider à comprendre des situations et à m'avertir d'éventuelles embûches ou, au contraire, d'opportunités. Elles m'éclairent sur certaines de mes appréhensions, me disent quand parfois je fonce trop tête baissée ou au contraire lorsque je m'inquiète finalement pour pas grand-chose, etc.

Et bien que la cartomancie ait initialement été conçue pour des prédictions factuelles, dans mon approche la guidance n'est pas de la voyance, ni de la « bonne aventure ». Il s'agit d'un outil, non pas de prédiction, mais de développement et de travail personnel. Elle ne consiste pas à annoncer un futur inéluctable, mais sert au contraire à appréhender les problèmes d'aujourd'hui, et à en extraire les outils adaptés pour prendre en main votre devenir.

Faire le bilan d'où nous en sommes aujourd'hui, pourquoi, et vers quelle direction nous tendons : voilà ce qu'est une guidance. En effet, elle a pour but de mettre en évidence les leçons du passé, de comprendre certaines origines de nos problèmes actuels, et surtout de déterminer les meilleurs moyens pour avancer dans une voie constructive.

L'avenir peut se prédire, mais l'annoncer l'influence. Ainsi, aucune prédiction n'est fatidique. Pensez à l'étudiant à qui l'on annonce qu'il aura son examen haut la main et qui, trop confiant, risque alors de lever le pied et de finalement échouer ! Et on accusera le cartomancien de s'être trompé, alors qu'au moment du tirage, il avait pourtant vu juste. Simplement, la personne a fait évoluer le résultat par ses choix personnels, en réponse à la prédiction.

Chaque consultation impacte sur la suite car notre libre arbitre s'en teinte. Aussi, même si parler du passé et du présent peut sembler souvent très exact avec les cartes, restez modeste lorsque vous parlez d'avenir et modulez toujours vos propos en parlant de potentialités plutôt que de vérités absolues.

Nous agissons ainsi sur notre devenir chaque jour, et la guidance nous permet seulement d'avoir toutes les cartes en mains pour avancer vers le meilleur de nos vies et de nous-mêmes.

Préparation

Comment tirer les cartes

Tirer les cartes est bien plus simple que ce que l'on peut imaginer. L'une des clés est de réaliser qu'**il existe autant de méthodes que de cartomanciens**. Inutile donc de passer son temps à comparer en vain différents auteurs, le mieux reste de se relier à sa sensibilité et à son expérience personnelle.

Qu'il s'agisse des tirages en eux-mêmes ou de la signification des cartes, libre à chacun d'expérimenter. Personnellement, lorsque je reçois un nouveau jeu ou que j'établis une nouvelle méthode d'interprétation, je me fais un tirage quotidien durant une certaine période pour représenter ma journée. Et chaque soir, je ressors ces cartes pour tenter de comprendre les nuances de chacune au travers de ce que j'ai pu vivre.

Aussi, je vous encourage à faire de même dans un premier temps, afin de vous familiariser pleinement avec votre jeu, quel qu'il soit. Ensuite, vous pourrez effectuer des tirages pour d'autres avec une précision redoutable, puisque vous connaîtrez le langage précis de vos cartes – le langage qu'elles auront établi avec vous.

Comme pour toute pratique de ce genre, le plus gros de votre travail sera d'apprendre à vous faire confiance. Moduler les significations des cartes jusqu'à établir les vôtres, créer vos propres tirages selon vos besoins et affinités : c'est ainsi que votre intuition grandira, sans même vous en rendre compte, dans la fluidité de votre façon de faire.

Écoutez toujours votre petite voix plus que celle des autres (y compris la mienne, qui n'est qu'un support pour vous aider à vous développer par vous-même). Restez humble, mais ne doutez pas, et alors vous atteindrez des sommets au-delà de vos plus belles attentes.

L'ambiance

Même si cela peut paraître cliché, il peut être important (au moins à vos débuts), de créer une ambiance. Avec le temps, vous pourrez tirer les cartes sur une terrasse de café bruyante, si c'est ce que vous voulez. Mais pour commencer, il est intéressant d'élaborer une atmosphère particulière. Ainsi, votre cerveau comprendra que vous allez pratiquer quelque chose de différent de vos actes quotidiens, et se rendra plus apte à ouvrir votre psychisme.

Libre à vous de trouver ce qui vous inspire : une bougie, de l'encens, des lumières tamisées, une musique particulière, une prière, etc. Il n'est pas nécessaire pour autant de vous transformer en cliché de bohémienne dans un cadre inspiré des roulottes tziganes ! À moins que cette ambiance ne soit ce que vous ressentez comme juste, bien entendu. Le principal est surtout de veiller à ne pas être dérangé durant toute la durée de votre tirage, afin de préserver cet état d'esprit particulier.

Pour débuter, entraînez-vous d'abord sur vous-même, longuement. Après seulement, quand vous aurez acquis assez d'adresse et de confiance en vous, vous pourrez tirer les cartes aux autres. Mais ne le faites jamais dans le but de vous donner en spectacle, ou vos cartes risqueraient de se sentir insultées et se joueraient alors de vous. Le respect que vous leur témoignez créera une véritable relation de confiance entre vous. Considérez-les comme des êtres vivants, dotés d'une âme propre, et elles vous étonneront chaque jour un peu plus.

Ne faites pas non plus manipuler vos cartes par d'autres personnes en dehors des consultations (évitez de vous en servir pour une soirée poker, par exemple). Elles sont vôtres et doivent s'imprégner de votre fluide avant tout. Si vous les perturbez sans raison avec d'autres énergies, elles risquent de s'embrouiller.

Paradoxalement, je me suis déjà vu passer des soirées jeu de société chez des amis avec leur jeu de cartes à jouer, puis bifurquer en consultation avec ce même jeu, tout en ayant des résultats étonnement probants. Preuve qu'il n'existe finalement aucune règle en la matière.

La chose est différente bien sûr lors d'une consultation, ou si votre jeu vous a été transmis par héritage.

À ce sujet, vous pouvez d'ailleurs nettoyer énergétiquement vos jeux ponctuellement en les passant dans la fumée d'un encens, ou au-dessus de la flamme d'une bougie (rapidement pour ne pas risquer de les brûler), ou utiliser le son d'un bol chantant, etc.

Vous pouvez aussi mettre un peu d'armoise séchée dans la boîte ou la bourse où vous rangez vos cartes. Cette plante, non contente de développer les facultés psychiques, a pour propriété de libérer des énergies résiduelles des consultation précédentes.

Bien sûr, ce ne sont là que des suggestions.

Le journal de bord

Investissez au plus tôt dans un cahier dans lequel vous noterez tous vos tirages (je propose aussi un PDF imprimable gratuit sur mon site, dédié à cet effet). Écrivez-y la date, la question posée, le type de tirage effectué, les cartes tirées (y compris celles de la coupe), et en quelques mots vos interprétations personnelles sur l'instant. Vous pouvez aussi prendre vos tirages en photo pour pouvoir revenir dessus si vous le souhaitez.

Plus tard, quand les événements auront évolué, vous reviendrez sur vos tirages (quitte à replacer les cartes sur votre tapis si nécessaire). Vous observerez alors en quoi chaque carte annonçait ce qui s'est produit ou non. Vous pouvez aussi enregistrer un audio de votre interprétation du moment que vous pourrez réécouter ultérieurement.

Retenez que les cartes sont un support de conseil plus que de prédiction. Elles vous aideront à faire un bilan, à voir les influences en place, afin de vous aiguiller dans la meilleure direction possible.

En pratique

Battre et couper les cartes

La méthode pour battre les cartes doit être celle qui vous est la plus fluide. Vous pouvez simplement brasser les cartes ou les manipuler comme dans les shows d'illusionnisme, la méthode restera votre choix personnel. Retenez néanmoins l'importance du respect pour le support, donc évitez de les malmener, notamment pour les préserver dans le temps. Selon si vous utilisez votre jeu uniquement à l'endroit ou si vous tenez compte du sens endroit/envers, adaptez votre méthode.

Battez-les le temps qui vous semble nécessaire, en ne pensant qu'à votre question, ou en faisant le vide si vous n'avez pas de question particulière. Au bout d'un moment, vous ressentirez que c'est suffisant. Posez alors votre jeu sur la table, face cachée, et coupez-le en deux tas. Certains utilisent toujours la main gauche (dite « main du cœur »), d'autres utilisent leur main réceptive (donc gauche pour les droitiers, droite pour les gauchers). Libre à vous.

Lors de la coupe, retournez le paquet que vous avez dans la main pour voir la carte de coupe : elle indiquera l'ambiance générale de la situation. Puis posez ce tas sur la table avant de replacer l'autre par-dessus, faces cachées.

Le moment de la coupe impose particulièrement de se focaliser sur sa question (ou de faire le vide) afin d'éviter que des idées parasites n'interfèrent ou risquent de troubler le tirage.

Choisir les cartes

Pour ce qui est de piocher les cartes, il existe deux écoles :

- Soit vous optez pour l'ancienne méthode qui consistait à simplement abattre une à une les cartes du dessus du paquet, dans leur ordre d'apparition.
- Soit vous choisissez d'étaler les cartes en éventail sur la table, face cachée, et choisissez celles qui vous appellent (à l'œil ou au ressenti de votre main, par exemple).

Dans tous les cas, l'emploi de votre main gauche ou main réceptive est conseillé. Vous pouvez alors ordonner vos cartes selon la méthode de tirage que vous aurez choisie.

Lors d'une consultation pour une autre personne, là encore, il en va du choix de chacun. Certains cartomanciens font battre, couper et piocher par la personne qui consulte. D'autres lui font uniquement couper et/ou piocher les cartes. Là encore, il n'existe aucune règle.

Faites selon votre ressenti. Et rappelez-vous que rien n'est immuable, pas même vos propres règles. Vous pouvez faire d'une manière un jour, d'une autre le lendemain ; varier en fonction de la personne ou de votre jeu...

Laissez votre intuition vous guider.

Les couvertures

Avec le temps et l'expérience, lors de certains tirages, vous ressentirez la nécessité de préciser une carte. Vous pourrez alors tirer (selon la méthode de votre choix) une carte supplémentaire pour obtenir plus d'informations. C'est ce que l'on appelle une couverture.

La couverture est un concept plus délicat qu'il n'y paraît, et nécessite de maîtriser un minimum ses cartes avant de pouvoir être correctement pratiquée. Ne soyez donc pas pressé, apprenez à marcher avant de courir au risque de tomber et de baisser les bras.

Ce qui semble le plus simple et qui est en réalité le plus difficile, c'est de comprendre qu'une carte de couverture ne doit pas être interprétée comme une carte supplémentaire, mais uniquement comme une modulation de la carte qu'elle recouvre.

Par exemple, vous tirez le 7 de Carreau (pourparlers) et vous voulez savoir à quel sujet. Vous recouvrez alors avec une Dame de Trèfle (une amie), indiquant que vous aurez une discussion au sujet de cette personne. Si à l'inverse vous aviez tiré au départ cette Dame de Trèfle et qu'en voulant une précision vous l'auriez recouverte du 7 de Carreau, cela aurait annoncé que cette femme va avoir une conversation avec vous.

De même, vous tirez le 8 de Pique (les rats, la maladie), et recouvrez du 10 de Trèfle (l'argent) : le tirage indique que vous vous souciez et vous « rongez » au sujet de votre budget. Si à l'inverse, le 10 de Trèfle se recouvrait du 8 de Pique, cela indiquerait que votre budget s'amoindrit, que c'est lui qui est rongé.

Vous l'aurez compris, l'art de la couverture n'est pas aussi simple qu'il n'y paraît. Mais le plus important est de retenir que la carte de couverture n'a pas de valeur en elle-même et ne fait que préciser ou moduler le sens de la carte qu'elle recouvre. Ce jeu de nuances permettra de solliciter votre connaissance des cartes afin de servir de tremplin à votre intuition personnelle.

C'est au gré de vos expérimentations que vous comprendrez véritablement comment les couvertures fonctionnent. Avec le temps, vous pourrez même recouvrir toutes les cartes d'un tirage, jusqu'à deux fois, pour préciser chacune d'elles.

Mais avancez à votre rythme, car un tirage moins précis mais juste vaudra toujours mieux qu'un tirage plus précis mais mal interprété.

Une vidéo expliquant en détail comment utiliser la technique des couvertures est disponible sur **https://www.youtube.com/watch?v=tRh5kfBlWmA**

Datation des tirages

Voilà un sujet bien délicat – un de plus, me direz-vous ! Il existe une infinité de façons de prétendre dater les cartes. Les quatre familles peuvent représenter les saisons, les cartes de cour des mois astrologiques, les cartes numérales des dates... Certains additionnent les chiffres de chaque carte pour obtenir le nombre de jours indiquant la durée de la prédiction, etc.

Pour ma part – et c'est encore un choix personnel lié à mon expérience –, je refuse de dater un tirage. Comme nous avons pu le voir dans le chapitre « Voyance ou Guidance », il existe selon moi une implication de chacun dans son devenir. Aussi, lorsque l'on annonce différents événements, ils dépendent aussi du comportement de la personne qui consulte, de la vitesse à laquelle elle choisit d'avancer et d'évoluer, des directions qu'elle choisit, etc.

Les méthodes de tirages sont aussi de bons moyens d'évaluer la durée, selon si vous choisissez un tirage qui couvre plutôt du court ou du long terme. Pourtant, j'ai déjà vu des tirages s'accomplir en quelques jours, alors que pour le même tirage, d'autres prenaient plus d'un an. Car effectivement, les cartes peuvent annoncer beaucoup plus d'événements à une personne ayant une vie mouvementée (donc à l'avancée rapide), alors qu'elles annoncent moins d'événements en cas de vie plus tranquille (les prédictions mettent alors plus de temps à se réaliser).

Etteilla additionnait le numéro de chaque carte d'un tirage pour savoir combien de jours durerait sa prédiction. D'autres utilisent les couleurs de chaque famille pour évoquer une saison, ou le numéro d'une carte choisie au hasard pour déterminer dans combien de mois se réalisera la prédiction. Tout est possible.

Mais là encore, à vous de faire vos choix en fonction de vos ressentis et de vos expérimentations.

Suggestions de tirages

Précisions sur cette partie

Vous trouverez dans cette partie des suggestions de tirages divers et variés : classiques ou modernes, simples ou complexes… Certains conviennent lorsque l'on n'a pas de question particulière, d'autres quand on veut une réponse précise, d'autres encore quand on désire connaître une évolution sur un domaine particulier, ou comprendre une situation du point de vue d'une autre personne impliquée, etc.

Vous trouverez ici une sélection des tirages que j'utilise personnellement le plus souvent et qui me conviennent pour répondre à différentes problématiques. Certains de ces tirages sont connus et existent dans diverses déclinaisons, je vous propose ici celle qui convient pour moi, mais libre à vous de faire différemment.

Je propose aussi sur ma chaîne YouTube un bon nombre de tutos de tirages, dont la plupart se retrouvent dans ma formation en ligne gratuite à mon jeu « Le Nouvel Etteilla ». Ces tirages sont bien entendu parfaitement adaptables avec ce jeu, ou n'importe quel autre.

Ce ne sont aussi que des *suggestions* de tirages. Si vous en connaissez déjà d'autres, ou si vous en trouvez d'autres qui vous conviennent mieux, écoutez-vous avant tout. Ce qui convient aux uns ne convient pas toujours aux autres !

Libre aussi à vous d'adapter en fonction de votre ressenti, ou vos méthodes d'interprétation. Le principal est que le jeu que vous choisissez vous convienne et vous parle. Et n'hésitez pas à créer vous-même vos propres jeux (comme c'est le cas pour certains tirages proposés ici).

Retenez que les méthodes de tirages, comme les modes d'interprétation, sont avant tout une question de convention que vous établissez avec vos jeux. Leur principale importance est de vous convenir et de convenir à votre manière d'utiliser vos cartes. Les seules limites possibles seront donc celles que vous choisirez de vous imposer.

La coupe simple, double et triple

Il suffit ici de faire comme nous l'avons vu précédemment, à savoir, battre vos cartes, réunir le paquet face cachée sur la table, puis de le couper en deux (de votre main gauche ou réceptive) et d'observer la carte alors dévoilée du dessous de la moitié que vous avez en main. Cette carte indique généralement l'ambiance actuelle, ou plus précisément l'attitude de la personne face à sa problématique.

La coupe double consiste simplement à effectuer de même, mais de retourner aussi le paquet resté sur la table pour révéler la carte du dessous de ce paquet. Cette autre carte peut être utilisée comme une couverture de la première (voir le chapitre précédent sur les couvertures), mais elle indique généralement les circonstances extérieures à la personne qui consulte dans sa problématique.

Réunissez ensuite les paquets en inversant leur position (placez celui que vous avez pris sur le dessus en dessous de l'autre). Vous pouvez alors passer au tirage.

Il est aussi possible de couper en trois fois, pour obtenir trois cartes différentes. Le principe reste le même.

La coupe simple

La coupe détaillée

Effectuez une coupe double, comme expliquée juste au-dessus. Une fois vos deux paquets posés sur la table face visible, faites légèrement ressortir la dernière carte de chaque paquet (vous verrez alors pour chaque tas la première et la dernière).

Le paquet venant de votre main (généralement placé à gauche de l'autre) indique l'attitude de la personne qui consulte face à la situation, la carte de ce paquet qui est contre la table sert de couverture à celle du dessus du paquet ; le tas de droite resté sur la table s'interprète de même, mais indique plutôt les influences extérieures.

Réunissez ensuite les paquets en inversant leur position (placez celui que vous avez pris sur le dessus en dessous de l'autre), puis passez au tirage.

La coupe détaillée*

* Un tutoriel vidéo des tirages signalés par un astérisque sont disponibles. Voir en page 134 pour retrouver le code QR correspondant.

Le jeu de la coupe

Effectuez une coupe double et placez vos deux paquets posés visibles sur la table. Mettez de côté les deux cartes apparues à la coupe. Puis retirez les cinq premières cartes de chaque paquet en les plaçant les unes en dessous des autres. Vous obtenez ainsi six paires de cartes.

Interprétez alors la colonne de droite comme couverture de celle de gauche. Les cartes les plus près du paquet indiquent la situation actuelle, celles au plus bas la conclusion.

Le jeu de la coupe

Passé/Présent/Futur à 7 cartes

Battez, coupez, puis étalez sept cartes de gauche à droite. Voici comment les interpréter.

- 1 : Le passé lointain.
- 2 : Le passé immédiat.
- 3 : Les influences présentes.
- 4 : La situation présente.
- 5 : Les perspectives présentes.
- 6 : Les influences futures.
- 7 : Le résultat final.

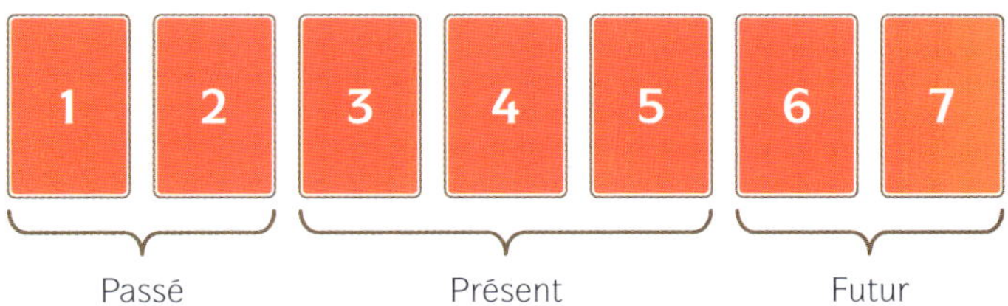

La croix celte

Il s'agit d'un grand classique et du jeu favori des voyants anglophones ; l'ordre de sa disposition diffère d'un auteur à un autre. Voici la version que j'utilise personnellement avec succès depuis de nombreuses années.

- 1 : Situation actuelle.
- 2 : Blocage ou aide à la situation.
- 3 : Origines de la situation, le passé lointain, les bases.
- 4 : Passé récent influençant la situation.
- 5 : Le destin, les circonstances inévitables.
- 6 : L'avenir proche de la situation.
- 7 : Le rôle de la personne qui consulte dans la situation.
- 8 : Le rôle de l'entourage dans la situation.
- 9 : Craintes et/ou espoirs de la personne qui consulte.
- 10 : Résultat final, la réponse à la question.

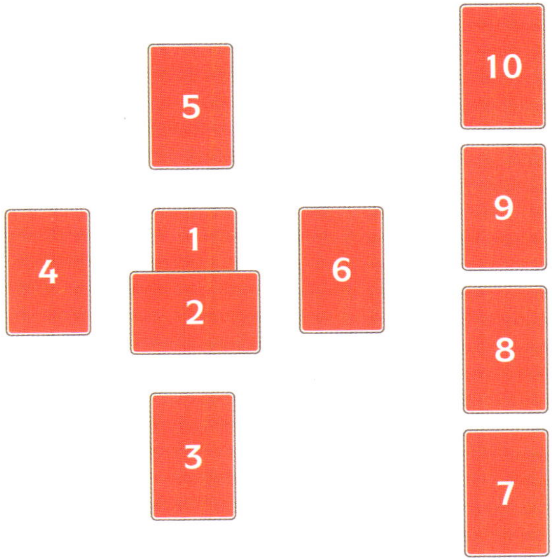

La croix celte*

* Un tutoriel vidéo des tirages signalés par un astérisque sont disponibles. Voir en page 134 pour retrouver le code QR correspondant.

La croix de Saint-André

Tirage de cartomancie classique, la disposition en croix de Saint-André permet un tour d'horizon lorsqu'il n'y a pas de question ou sujet précis et reste un excellent exercice pour s'entraîner aux couvertures. Battre, couper puis disposer :

- deux cartes pour la personne qui consulte, au centre ;
- deux pour l'amour, en haut à gauche ;
- deux pour l'activité principale, en haut à droite ;
- deux pour la surprise, en bas à gauche ;
- deux pour la synthèse, en bas à droite.

Recouvrez alors chaque paire d'une carte supplémentaire qui servira indépendamment de couverture à chacune des cartes qu'elle recouvre.

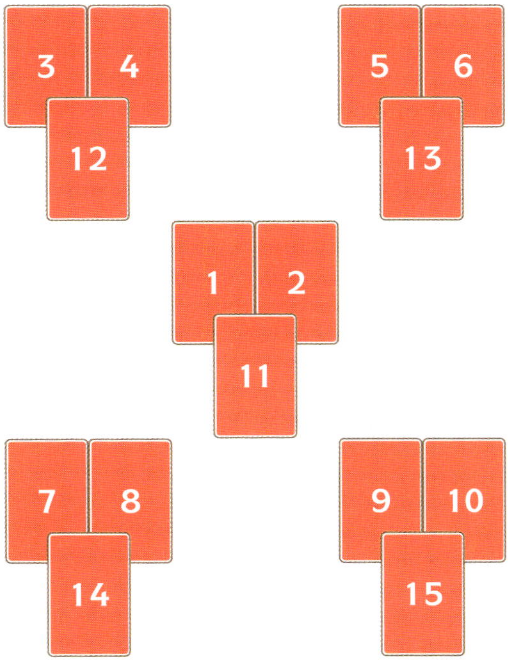

La croix de Saint-André

La chaîne des 13

Battre, couper puis piocher treize cartes que l'on place en arc de cercle, faces visibles. On cherche alors la carte qui représente la personne qui consulte (généralement la Dame ou le Roi de Trèfle ou le carte Consultant · e). Si cette carte n'est pas sortie, abattre les cartes restantes du paquet deux par deux pour voir avec quelle autre carte elle ressort, qui indiquera alors ce qui retient ou bloque la personne qui consulte dans sa situation actuelle.

Démarrez ensuite le jeu en partant de la carte représentant la personne qui consulte (si elle est sortie dans les treize premières), ou d'une carte importante (son foyer, son activité, ses pensées, etc.). Cette carte sera le point de départ du jeu.

Partant de cette carte, comptez 1, 2, 3, 4, 5, puis interprétez la carte sur laquelle vous tombez. Cette carte s'interprète en association avec la première carte choisie. Depuis celle-ci, comptez à nouveau jusqu'à cinq, interprétez cette nouvelle carte en association la précédente. Ainsi de suite jusqu'à avoir interprété toutes les cartes et être revenu à la première.

Enfin, afin d'obtenir une sorte de synthèse, réunissez les cartes en deux colonnes : la première avec la dernière, la seconde avec l'avant-dernière, etc. Interprétez les paires ainsi formées, celles de droite comme couverture. La dernière carte qui se retrouve au sommet de cette colonne s'interprète en paire avec chacune des deux cartes qui sont en dessous d'elle.

Ce tirage peut aussi fonctionner avec seize ou vingt-et-une cartes (pour les superstitieux que le treize pourrait déranger).

La chaîne des 13*

* Un tutoriel vidéo des tirages signalés par un astérisque sont disponibles. Voir en page 134 pour retrouver le code QR correspondant.

La roue des 16

Dans le même principe, battez, coupez puis placez face cachée quinze cartes en cercle et une seizième au centre. La personne qui consulte choisit alors une carte du cercle au hasard, qui sera la première du jeu, interprétée par paire avec celle au centre du cercle. Puis, depuis la carte choisie, on compte 1, 2, 3 et on retourne cette troisième carte, l'interprétant avec la première. On poursuit ainsi sur la totalité du cercle en retournant une carte sur deux jusqu'à les avoir toutes épuisées.

Cette méthode permet de voir une évolution globale ou une thématique précise sur du long terme. Le début du tirage parle de la situation actuelle et de l'avenir proche, la dernière de l'avenir lointain.

La roue de 16*

* Un tutoriel vidéo des tirages signalés par un astérisque sont disponibles. Voir en page 134 pour retrouver le code QR correspondant.

L'arbre de vie

Un tirage très précis, souvent utilisé avec le Tarot, qui permet de cartographier la personnalité d'un individu. Il se base sur l'arbre de vie kabbalistique où chaque sphère est utilisée pour connaître un domaine de la vie de la personne, son approche sur chaque sujet. Battre, couper puis placer les cartes comme indiqué, puis interpréter.

- 1– Neptune : Ses idéaux.
- 2– Uranus : Ses forces créatives, parfois son père.
- 3– Saturne : Sa sagesse, son point fort, parfois sa mère.
- 4– Jupiter : Ses qualités primordiales, ses vertus.
- 5– Mars : Sa force physique et intellectuelle.
- 6– Soleil : Sa santé ou ses faiblesses.
- 7– Vénus : L'amour, le désir.
- 8– Mercure : Création, dons, procréation.
- 9– Lune : Imagination créative, intuition.
- 10– Terre : Son corps physique, son foyer.

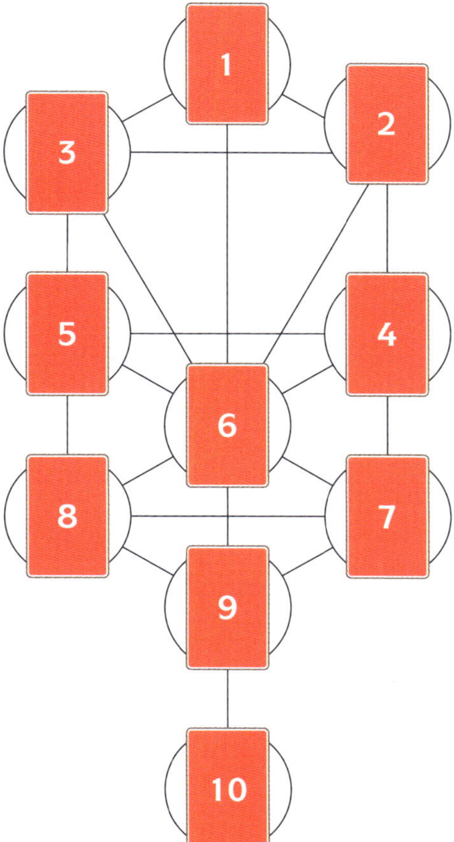

L'arbre de vie

Le Chien de Pique

Il s'agit d'un tirage original de cartomancie classique où le Valet de pique prend un tout autre sens. Battre, couper, puis abattre les cartes deux par deux et garder les paires contenant :

- le consultant (Roi/Reine de Trèfle, ou Monsieur/Dame ou la carte Consultant·e si vous choisissez de l'utiliser) ;
- sa maison (As de Cœur, ou la Maison) ;
- sa pensée (7 de Trèfle, ou le Trèfle) ;
- l'activité (9 de trèfle, ou la Lune) ;
- le « Chien de Pique » (Valet de Pique, ou le Serpent) qui prend alors le sens d'un événement imprévu, la surprise.

Peu importe leur ordre, placez ces paires l'une en dessous de l'autre pour les interpréter par paires. Battre le restant du paquet et placer une carte de plus à gauche et à droite de chaque paire (passant de dix à vingt cartes), à interpréter comme couvertures des deux colonnes centrales.

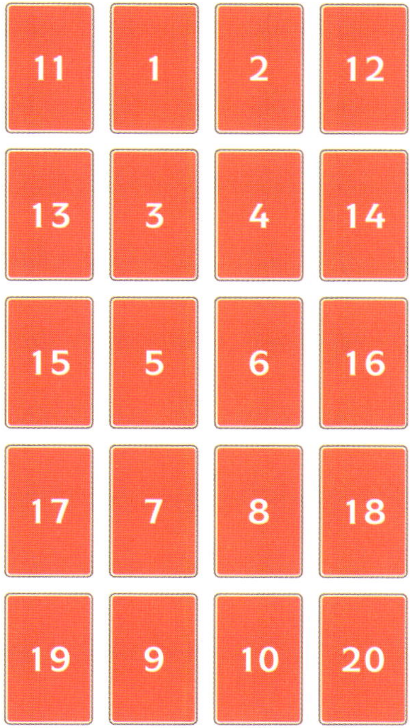

Chien de Pique

Le tirage relationnel

Éloquent lorsqu'il s'agit de comprendre comment chaque personne impliquée vit la relation, ainsi que le potentiel de celle-ci (applicable aux questions sentimentales, mais aussi amicales, professionnelles, etc.). Battre, couper, puis placer les cartes comme indiqué.

La colonne de gauche représente la personne qui consulte, la colonne de droite l'autre personne, et la colonne entre eux la relation en elle-même. La ligne du bas parle du plan physique et matériel, celle au-dessus du plan émotionnel et sentimental, celle encore au-dessus du plan mental et intellectuel. Enfin, la ligne tout en haut (facultative) parle du plan spirituel.

Interpréter pour voir comment chacun d'eux vit sa relation, et ce qui en résulte dans leur relation ou son potentiel.

Le tirage relationnel

À travers son cœur

Encore un tirage utile pour comprendre l'autre dans le but d'harmoniser une relation (personnelle, professionnelle ou autre). Battre, couper puis placer les cartes comme indiqué.

- 1 : La façon dont la personne se projette ou se voit dans la relation.
- 2 : La façon dont elle vous envisage, la place que vous occupez pour elle.
- 3 : Ses intentions immédiates.
- 4 : Ce qu'elle attend de vous, le rôle qu'elle aimerait vous voir tenir.
- 5 : Ce qu'elle redoute de vivre avec vous, ce qui ne lui convient pas.
- 6 : Son projet avec vous, comment elle imagine la relation à long terme.

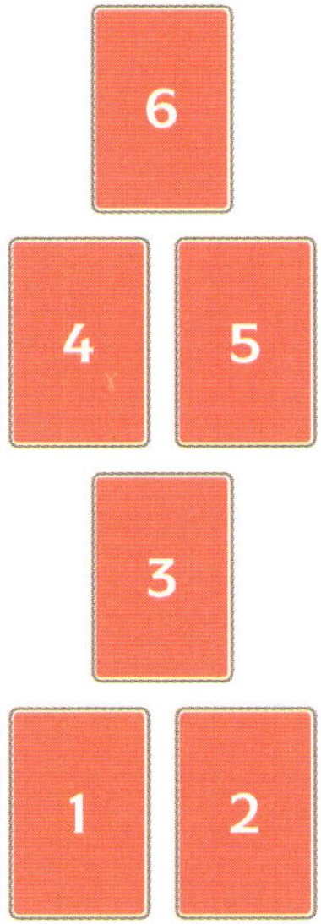

À travers son cœur

La progression spirituelle

Battre, couper puis piocher cinq cartes à placer légèrement en escalier de gauche à droite.

- 1 : Où suis-je maintenant par rapport à mon cheminement ?
- 2 : Qu'est-ce qui bloque ou limite ma croissance ?
- 3 : Qu'est-ce qui peut m'aider à grandir ?
- 4 : Quelle est la prochaine étape de mon évolution ?
- 5 : Qu'est-ce qui m'est possible d'atteindre sur ce chemin ?

La progression spirituelle

Tirage de la Merkabah

Originale et dotée d'une dimension spirituelle non négligeable, cette modulation du tirage en croix ne manque pas d'intérêt. Elle est inspirée d'un tirage proposé dans l'excellent coffret *L'Oracle quantique* de Richard Gandon. Battre, couper puis disposer les cartes selon le schéma suivant.

- 1 : Le passé.
- 2 : Le présent.
- 3 : Le devenir.
- 4 : Le divin.
- 5 : L'âme, le Soi supérieur.
- 6 : Les forces cosmiques, le lien avec le Ciel-père.
- 7 : Les forces telluriques, le lien avec la Terre-mère.

La Merkabah

Le carré de 9

C'est le tirage le plus simple et pourtant le plus complet à interpréter. Beaucoup d'utilisateurs du Petit Lenormand le connaissent, puisqu'il est en quelque sorte l'entraînement pour pratiquer le « grand tableau » (que nous verrons après).

Son principe est très simple. Pour commencer, il vous fait choisir une carte « Signifiant » pour la placer au cœur du tirage. Par exemple :

- Le consultant : Roi/Reine de Trèfle ou Monsieur/Dame.
- Une affaire : Roi de Carreau ou les Poissons.
- L'Amour : Valet de Cœur ou le Cœur.
- Un couple : 2 de Cœur ou l'Anneau.
- La carrière : 9 de Trèfle ou la Lune.

Et ainsi de suite.

Une fois le thème choisi, vous pouvez alors battre, couper, puis étaler vos cartes. Libre à vous d'utiliser l'ordre indiqué ou de choisir le vôtre. L'essentiel est d'obtenir un carré de huit cartes entourant le signifiant (certains le recouvrent d'une neuvième carte pour indiquer les forces en place sur la question).

Le carré de 9*

Voici toutes les possibilités d'interprétations de ce tirage. À vous de suivre votre instinct pour piocher les méthodes qui vous parlent.

- En premier lieu, les coins indiquent les influences extérieures et s'interprètent par paires (ici 2 et 9, 4 et 7).
- La carte 2 indique les motivations de la personne qui consulte, pourquoi il pose cette question, ses attentes. La carte 9 indique l'issue probable, la réponse à la question.
- La ligne centrale (5, 1 et 6) représente l'état actuel de la situation, la réalité quotidienne ; celle du dessus (2, 3 et 4) les pensées de la personne, ses aspirations, projets, idées, le conscient ; celle

* Un tutoriel vidéo des tirages signalés par un astérisque sont disponibles. Voir en page 134 pour retrouver le code QR correspondant.

du bas (7, 8 et 9) ses origines, ses bases, les racines de la situation, son bagage acquis, l'inconscient.

- La colonne de gauche (7, 5 et 2) symbolise le passé, celle du milieu (8, 1 et 3) le présent, celle de droite (9, 6 et 4) le futur. Dans la colonne du futur, remarquer sur quelle ligne se trouve la meilleure carte ou le blocage pour savoir s'il vient du conscient (ligne du haut), de la réalité concrète (ligne du milieu) ou de l'inconscient (ligne du bas) : cette analyse permet de donner un conseil pour aider à réaliser ou contrecarrer la prédiction.
- Les diagonales (2, 1, 9 et 4, 1, 7) indiquent les options possibles avant l'issue finale.
- Pour obtenir des précisions en mode « couverture », on peut interpréter les cartes en miroir : 2 et 4, 5 et 6, 7 et 9, ainsi que 7 et 2, 8 et 3, 9 et 4.
- Enfin, pour conclure, nous pouvons effectuer ce que l'on appelle la « forme du diamant » qui raconte une histoire, comme une synthèse de la réponse au tirage. Pour ce faire, nous tenons compte dans l'ordre de la carte 5, puis 3, puis 6, puis 8.
- Certains modifient cet ordre en décidant de faire 8-5-3-6, ou encore 3-5-6-8, etc. À vous de définir votre convention avec vos cartes, en fonction de vos ressentis et de vos expériences. Dans tous les cas, la carte 9 (qui ne compte pas dans cette « forme du diamant ») sera quand même celle qui aura le dernier mot.

Vous l'aurez compris, cette méthode est pleine de ressources et permet une infinité d'interprétations avec simplement 9 cartes.

Il est essentiel de maîtriser le tirage du Carré de 9 avant de commencer à pratiquer les grands tableaux, afin d'en faciliter l'interprétation.

Le Tableau astrologique de Gabryann

J'ai toujours aimé les tirages en grand tableau pour le principe d'utiliser la totalité des cartes du jeu, bien qu'ils prennent souvent trop de place. De même, j'ai toujours aimé les tirages astrologiques, très complets et détaillés sur différents plans spécifiques.

Aussi ai-je choisi d'élaborer un tirage en tableau utilisant toutes les cartes du jeu, mais de manière moins étalée, car superposées, le tout basé sur les significations d'un tirage astrologique.

Ce tirage a pour intérêt d'utiliser toutes les cartes du jeu (comme dans un grand tableau), afin d'avoir tous les domaines de la vie de la personne qui consulte sous les yeux, mais sans nécessiter autant de place. La disposition en tirage astrologique permet aussi d'aborder tous les thèmes de sa vie.

Seize cartes sont alors déposées, puis recouvertes par seize autres. Ce tirage en deux temps permet tout d'abord d'obtenir un bilan de la situation présente (par les seize premières cartes), avant d'aborder son évolution (par les seize couvertures), plan par plan. La carte Consultant · e est alors retirée ou placée au centre du tirage avant de disposer les cartes.

Ce tirage agit le plus souvent sur une période de quelques semaines à un mois. Donc, bien qu'il soit basé sur le symbolisme des quatre saisons et des douze signes (donc douze mois), il n'est pas systématique de devoir y attribuer ces notions de temps (la cartomancie agissant souvent sur des périodes assez courtes).

Mais cela reste tout à fait possible si vous le ressentez ainsi, et vous pouvez effectuer par exemple ce tirage pour une durée d'un an, donnant des thèmes par saison et par mois astrologique.

Comme pour n'importe quel tirage, commencez par mélanger puis couper votre jeu. Placez ensuite les seize premières cartes comme indiqué, en les interprétant une à une de la manière dont je le suggère. Ces premières cartes permettent un tour d'horizon de la situation présente.

Déposez ensuite, selon le même schéma, les seize cartes suivantes par-dessus les seize premières. Elles s'interprètent de même, mais en parlant cette fois de l'avenir. Il n'est pas conseillé d'interpréter à la manière d'une couverture ces autres cartes, mais plutôt comme des cartes indépendantes. Ou, au mieux, comme une évolution future des cartes qu'elles recouvrent.

Enfin, vous disposerez les quatre dernières cartes, qui sont à la fois une synthèse et une guidance par rapport à l'ensemble du tirage.

Si vous utilisez la carte Consultant·e, il vous suffira de placer votre toute première carte au centre de votre tableau (sous les quatre premières cartes). Elle représentera l'influence ou le thème principal de la situation. Puis vous étalerez simplement le reste du jeu comme indiqué ci-dessus.

Les 4 saisons

- 1-17 – Printemps/Feu : Plan de l'activité, création.
- 2-18 – Été/Eau : Plan émotionnel, développement.
- 3-19 – Automne/Air : Plan mental, récolte.
- 4-20 – Hiver/Terre : Plan matériel, préparation.

Les 12 maisons astrologiques

- 5-21 – Maison I : la personne qui consulte, comment il est perçu.
- 6-22 – Maison II : ses finances, sa vie matérielle.
- 7-23 – Maison III : ses pensées, ses frères et sœurs.
- 8-24 – Maison IV : son foyer, ses enfants, sa mère.
- 9-25 – Maison V : sa vie relationnelle.
- 10-26 – Maison VI : son travail, sa santé.
- 11-27 – Maison VII : son conjoint ou sa vie sociale.
- 12-28 – Maison VIII : les transformations qu'il a à vivre.
- 13-29 – Maison IX : sa philosophie, ses projets.
- 14-30 – Maison X : l'influence du destin dans sa vie, son père.
- 15-31 – Maison XI : son cercle amical, ses soutiens.
- 16-32 – Maison XII : ses épreuves, sa spiritualité.

Les 4 cartes additionnelles

- 33 : les racines de la situation globale.
- 34 : les défis à relever dans cette période.
- 35 : la direction que prend la situation.
- 36 : le conseil des cartes, la guidance.

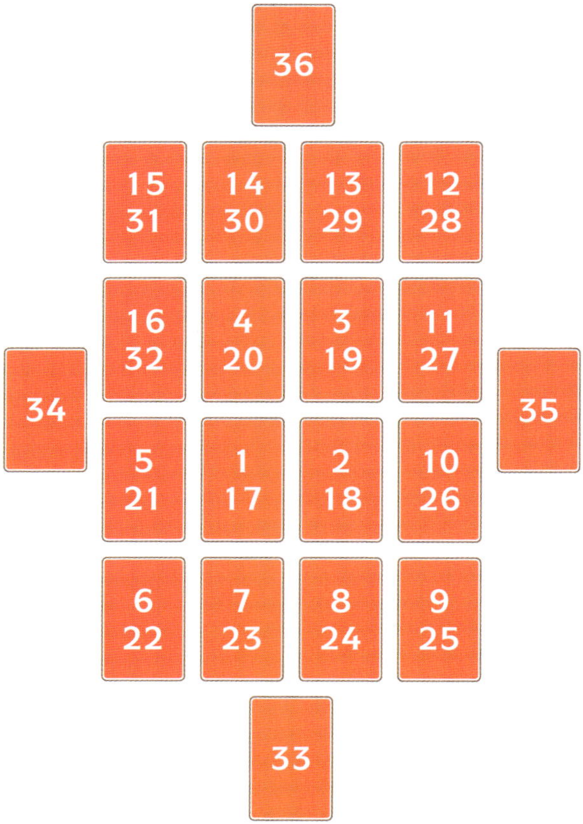

Tableau astrologique de Gabryann

Rappel

- Les cartes 1 à 16 représentent une synthèse de la situation présente.
- Les cartes 17 à 32 représentent l'évolution future de la situation.
- Les cartes 33 à 36 sont une synthèse globale du tirage, une guidance.
- Lors de l'usage de la carte Consultant · e, il suffit de placer la première carte au centre du tirage (qui représentera le thème principal de cette période) avant d'étaler le reste du jeu comme décrit précédemment.

Le grand tableau, façon Petit Lenormand

C'est le plus célèbre et éloquent des tirages. À lui seul, il permet de détailler l'ensemble de la vie d'une personne puisque toutes les cartes sont utilisées. C'est un tirage agissant sur du long terme (plusieurs mois, voire un an), qu'il n'est pas nécessaire de réaliser plus d'une fois par mois. Toutes les cartes vont être présentes, donc tous les domaines seront représentés. On commence généralement l'interprétation par la carte de la personne qui consulte de la manière suivante.

Si vous utilisez la carte Consultant·e, comme elle ne possède pas de case attribuée dans les grands tableaux, vous pouvez choisir de la retirer quand elle se présente lors du montage du tableau.Vous utiliserez alors une cartes signifiante pour identifier la personne qui consulte. Vous pouvez aussi choisir de la garder en place et simplement de la recouvrir avec la carte suivante lorsque vous étalez vos cartes. Cette carte qui la recouvre représente les influences immédiates qui affectent la personne qui consulte.

La ligne verticale où elle se trouve représente sa situation actuelle. Les cartes au-dessus de celle représentant la personne indiquent les circonstances extérieures, celles en dessous la dimension intérieure (émotions, pensées, motivations, forces, etc.). Ainsi, plus sa carte se trouve en haut dans le tirage, moins celui-ci est contraint par des circonstances extérieures ; à l'inverse, si la carte de la personne se trouve en bas du tirage, il croule alors sous les circonstances extérieures (bonnes ou moins bonnes).

Les cartes à gauche sur sa ligne indiquent son passé, à sa droite son devenir. Il est aussi possible de détailler les diagonales (influences passées et possibilités à venir) autour de la carte représentant la personne afin d'avoir plus de détails sur son passé et son devenir global. Si la carte de la personne se trouve tout à gauche, c'est qu'elle débute un nouveau cycle ; si elle est tout à droite, c'est qu'un cycle se clôt.

Lorsque la carte représentant la personne qui consulte se trouve sur la ligne tout à droite, vous pouvez soit ajouter une colonne de plus avec un autre jeu, si vous en possédez un, soit placer à côté la carte d'après (donc la première à gauche de la ligne d'en dessous) afin de créer une colonne supplémentaire.

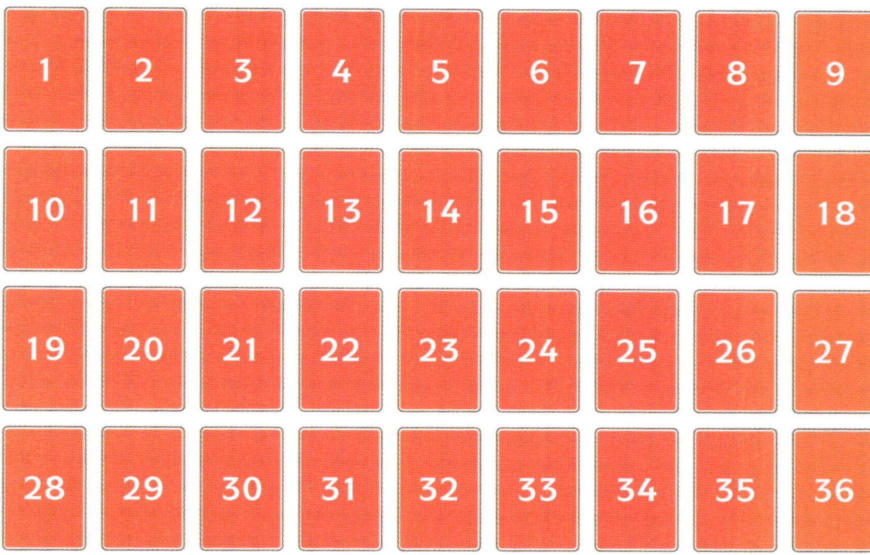

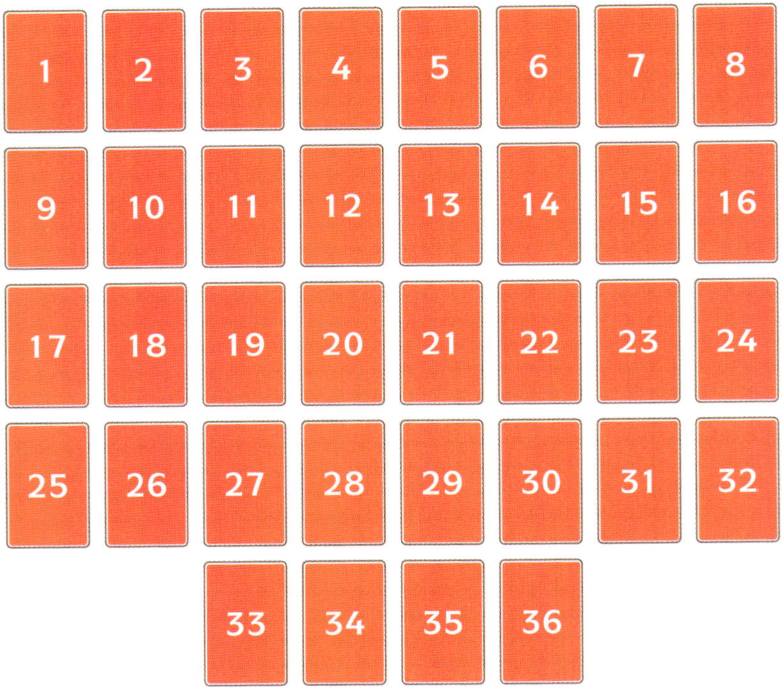

Deux manières de dresser le grand tableau (au choix)

Pour procéder à l'interprétation de ces grands tableaux, il faut d'abord reprérer l'emplacement de la carte représentant la personne qui consulte.

Un carré de 9 (voir explications p. 120) est établi autour de cette carte afin de voir dans quels thèmes baigne la personne. Si des domaines importants sont alors présents dans son entourage proche (travail, amour, argent, maladie, ennemi...), cela indique que c'est un sujet dans lequel il est fortement impliqué et qui s'annonce de manière rapide.

En effet, dans un grand tableau, plus les cartes sont proches de la personne, plus elles annoncent leur proximité dans sa vie et donc leur rapidité ; plus elles sont éloignées, moins elles ont d'influence et plus lointaine ou de moindre importance est la prédiction.

Ensuite, les angles (1-36 et 9-28 pour le premier tableau, 1-32 et 8-28 pour le deuxième) sont étudiés pour indiquer le contexte global de la situation actuelle, le décor.

Le milieu du tirage (13-22, 14-23 et 15-24 pour le premier tableau, 12-20 et 13-21 pour le second) indique généralement le cœur de la situation, l'essence des problématiques présentes, les choses essentielles en ce moment pour la personne qui consulte.

À présent, détaillez par carré de 9 tout sujet qui vous intéresse dans ce tirage. Pour ce faire, il suffit de se concentrer sur la carte « signifiant » choisie (Valet de Cœur ou le Cœur pour l'amour, ou 9 de Trèfle ou la Lune pour la carrière, par exemple) et de considérer les 8 cartes entourant ce signifiant pour réaliser leur interprétation comme déjà expliqué dans la partie sur le tirage du carré de 9.

Autre précision : plus ce signifiant est proche de la carte qui représente la personne, plus ils sont liés. On peut aussi étudier les cartes qui séparent cette carte du thème abordé, afin de comprendre le chemin qui peut mener à sa réalisation, ou quels blocages sont à déverrouiller.

L'usage du plateau

Ce coffret est accompagné d'un plateau annoté, possédant en recto et en verso les deux manières traditionnelles de monter un grand tableau. Chacun sera donc libre de choisir la version qui lui convient le mieux.

Grâce aux cases annotées, lorsque vous voulez avoir plus d'informations sur un domaine (gardons l'exemple du Valet de Cœur ou du Cœur pour l'amour, et du 9 de Trèfle ou de la Lune pour la carrière), non content d'effectuer un carré de 9 autour de la carte « signifiant » où qu'elle se trouve, vous pouvez aussi regarder quelle carte est tombée sur l'emplacement en question (par exemple : case 24 pour le Cœur, case 32 pour la Lune). Ceci précisera les forces en action sur chaque sujet.

De plus, vous pouvez rebondir ainsi d'une carte à l'autre. Prenons un exemple avec les cartes du Petit Lenormand. Vous voulez en savoir plus sur votre carrière, vous regardez alors la case 32 (la Lune) qui est recouverte par la carte des Souris. Afin de savoir ce qui grignote votre évolution professionnelle, vous regardez la case des Souris (23) qui, elle, est recouverte par le Renard. Un rival ? Pour plus de détails, allons voir la case du Renard (14) recouverte par la carte du Nuage. Un rival dans l'ombre, mais dont l'influence ne sera que de courte durée. On cherche confirmation en regardant quelle carte se trouve sur la case du Nuage (case 6), et disons que ce soit la carte du Soleil annonçant alors que les nuages seront dissipés. Ainsi, partant simplement de la case de la Lune (la carrière), vous avez pu déceler qu'un rival empêchait en secret votre évolution, mais que son action n'allait pas durer car la vérité éclaterait prochainement au grand jour.

Voilà l'un des immenses intérêts d'utiliser un plateau. De plus, quand une carte tombe sur sa propre case, ceci insiste sur l'importance de ce sujet dans la vie actuelle de la personne qui consulte. Et comme toutes les cartes sont sur le plateau, absolument tous les sujets peuvent déjà être éclaircis. De plus, ce tirage permet de voir les corrélations entre différents domaines, éléments que l'on a plus de mal à voir dans des tirages spécifiques.

Vous l'aurez compris, le grand tableau est un tirage extraordinaire, mais qui nécessite d'avoir fait ses gammes avant de prétendre jouer en virtuose. Il faut déjà bien maîtriser la signification de chaque carte, seule ou en association, différentes méthodes de tirage (passé/présent/futur, carré de 9, etc.) afin de pouvoir naviguer en toute fluidité dans ses méandres.

Lorsqu'on le fait pour soi, il est possible de laisser le jeu de côté et d'y revenir plus tard, voire le lendemain pour l'observer d'un autre œil.

Il est important aussi de noter ces tirages, voire d'enregistrer en audio son interprétation personnelle. Car si au départ ce jeu peut sembler laborieux, il devient rapidement très amusant et si limpide qu'il permet de laisser aller pleinement ses intuitions.

Présentation vidéo des tirages

La Coupe détaillée :
https://www.youtube.com/watch?v=tRh5kfBlWmA

La croix celte :
https://www.youtube.com/watch?v=gFmO6G58AiM

La chaîne des 13 :
https://www.youtube.com/watch?v=eJEeaWH3RyY

La roue des 16 :
https://www.youtube.com/watch?v=xEa-y_pUmx8

Le carré de 9 :
https://www.youtube.com/watch?v=MBmPJ0BykuY

ANNEXES

1. Le grand tableau selon *L'Oracle parfait*

Si Mlle Lenormand n'a jamais conçu le Petit Lenormand qui porte pourtant son nom, dans le livre prétendu de sa main, *L'Oracle parfait, ou le passe-temps des dames : art de tirer les cartes avec explication*, on parle bien de l'usage d'un tableau. De plus, les témoignages des personnes ayant consulté cette voyante célèbre évoquent généralement le fait qu'elle étalait énormément de cartes sur la table et parlait très vite et de nombreux sujets.

Dans ce livre, on présente un tableau de quatre lignes de neuf cartes, étalées de gauche à droite. Chaque case correspond non pas à une carte mais à une thématique particulière (voir illustration ci-après).

Après avoir détaillé les significations des 36 cartes classiques qu'elle utilise (jeu de 32 cartes additionné des quatre 2), on y explique en bref la signification de chaque case selon la couleur de la carte qui s'y place.

Les 36 maisons

Les mots-clés peuvent sembler vagues, mais assez peu de détails sont donnés à leur sens. Une fois l'emplacement de chaque « maison » notée, les cartes classiques sont toutes distribuées. En fonction de la couleur de la carte qui y est déposée, la thématique de chaque case se module. En résumé :

- Les Cœurs influencent positivement le sujet. Succès, amour, réussite, bons sentiments...

- Les Trèfles augurent de la réussite, du soutien, de la fidélité et de l'amitié.
- Les Carreaux annoncent généralement des difficultés, des retards ou de la jalousie.
- Les Piques sont signe de problèmes de toute sorte et d'ombres diverses, toujours négatifs.

Voici quelques exemples piochés au hasard, pour donner une idée du type d'interprétation suggérée de ce tableau.

1. Le projet

- Cœurs : Succès dans les projets.
- Trèfles : Personnes fidèles s'employant au succès du projet.
- Carreaux : Grandes difficultés dans les affaires par jalousie, retard ou faillite.
- Piques : Trahison ou mauvaise entente.

8. Ingratitude

- Cœurs : La personne qui consulte obtiendra ample justice sur des personnes désobligeantes.
- Trèfles : Il obtiendra la réparation d'honneur grâce au secours des amis.
- Carreaux : La jalousie sera la seule cause de l'ingratitude reçue.
- Piques : Trahison par les mêmes personnes qui auront été ingrates.

23. Amant (terme signifiant autrefois un amoureux plutôt que l'adultère)

- Cœur : Amant ou maîtresse de bon caractère et d'un grand attachement.
- Trèfles : Amant ou maîtresse fidèle porté à faire le bien de la personne qui consulte.
- Carreaux : Amant ou maîtresse jaloux, gênera par ses soupçons et son aspect boudeur.
- Piques : Amant ou maîtresse fourbe, intéressé, vindicatif et volage.

28. Fin

- Cœurs : Perte d'un proche qui augmentera la fortune de la personne qui consulte.
- Trèfles : Perte d'un ami qui laissera un souvenir bienfaisant.
- Carreaux : perte d'un ennemi.
- Piques : Perte de la plus mauvaise personne dans la vie de la personne qui consulte.

On constate que les thématiques restent globalement les mêmes, quels que soient les sujets des cases où les cartes tombent. Pour schématiser :

- Cœurs = Succès.
- Trèfles = Amitié.
- Carreaux = Jalousie.
- Piques = Ennuis.

Ce résumé est plutôt réducteur dans l'ensemble, mais c'est un moyen simple de comprendre comment la couleur d'une carte peut influencer la case sur laquelle elle tombe. Néanmoins, ce sont les cartes situées autour qui indiquent les détails et sont interprétées de manière plus classique (donc plus complète).

Les voisinages

Parmi les détails intéressants de cette méthode, on y décrit aussi l'importance des cartes encadrant chaque case. La carte sur un emplacement lui donne sa tonalité principale, mais celles à sa gauche et à sa droite, ainsi que celles au-dessus et au-dessous précisent ou influencent la carte centrale. Cela se rapproche de la façon que l'on a aujourd'hui d'analyser les huit cartes autour d'une carte sujet afin d'obtenir plus de détails.

Précisons pour les cas particuliers :

- Pour les cartes de la ligne du haut (1 à 9), on n'étudie que celles à gauche, à droite et au-dessous (puisqu'il n'y en a pas au-dessus).
- De même pour la ligne du bas (28 à 36), on étudie les cartes à gauche à droite et au-dessus (puisqu'il n'y en a pas en dessous).
- C'est plus complexe pour les cartes se situant sur la colonne de gauche (1, 10, 19 et 28) et de droite (9, 16, 27 et 36) : elles sont interprétées avec la carte qui les précède (la dernière de la ligne précédente) ou qui les succède (la première sur la ligne d'après).

Exemples :

- La carte 1 s'interprète avec les cartes 2, 10 et 36.
- La carte 9 avec les cartes 8, 10 et 18.
- La carte 10 avec les cartes 18, 26, 28 et 36.

- La carte 36 avec les cartes 27, 37 et 1.
- Et ainsi de suite.

S'ajoute généralement à cette interprétation la signification de plusieurs cartes de même valeur qui se touchent (sur l'une des faces ou l'un des angles). Le livre décrit chacune des combinaisons possibles de trois cartes de même valeur : c'est trop exhaustif pour en reporter le contenu ici.

C'est avec ces différentes méthodes que le grand tableau est alors détaillé.

Je pense inutile de vouloir reproduire cette méthode assez laborieuse, mais elle reste intéressante afin de parfaire l'utilisation moderne que l'on peut faire du grand tableau.

1 Projet	**2** Satisfaction	**3** Réussite	**4** Espérance	**5** Hasard	**6** Désir	**7** Injustice	**8** Ingratitude	**9** Association
10 Perte	**11** Peine	**12** État	**13** Joie	**14** Amour	**15** Propriété	**16** Mariage	**17** Affliction	**18** Jouissance
19 Héritage	**20** Trahison	**21** Rival	**22** Présent	**23** Amant	**24** Élévation	**25** Bienfait	**26** Entreprise	**27** Changement
28 Fin	**29** Récompense	**30** Disgrâce	**31** Bonheur	**32** Fortune	**33** Indifférence	**34** Faveur	**35** Ambition	**36** Indisposition

2. L'Oracle « Kipper »

L'Oracle Kipper-Karten

Nous savons relativement peu de choses sur ce jeu. Il serait paru en Bavière en 1873, publié par Matthias Seidlein, et on prétend qu'il fut créé par une certaine diseuse de bonne aventure répondant au nom de Frau Kipper. Il est supposé venir du peuple Wipper (Kipper) ayant fait le tour de l'Europe centrale durant la guerre de Trente Ans (1618-1648). Par leur côté nomade, ils étaient souvent comparés aux Tziganes, auprès de qui ils auraient pu apprendre l'art de la cartomancie.

Dans sa version originelle, il commença à être vendu vers 1890 en Allemagne, puis réimprimé aux éditions AGMüller. Il rappelle les imageries de la Bavière de l'époque : certains nostalgiques y retrouvent même l'univers de l'impératrice Sissi.

Un fac-similé du jeu de Seidlein paraît sous forme de coffret en 1993, bien qu'inversant la direction des figures par rapport aux cartes originales. Il est agrémenté d'un livre d'explication (en allemand) par Dipl.-Ing. Hildegarde Leiding.

En 2002, le jeu fut revisité par l'artiste Salish, puis par R. E. Feichter en 2004 avec son « Kipper mystique » ; il s'agit du même artiste ayant illustré le « Mystique Lenormand ».

Plus récemment, en 2016, l'artiste Ciro Marchetti – connu pour nombre de ses superbes Tarots et son sublime *Les Rêves enchantés de Lenormand* » – décide de dépoussiérer le Kipper en lui donnant un air d'Angleterre victorienne aux accents steam-punk, dans son « Kipper fin de siècle ».

En 2017 est aussi apparu le très moderne « Card geek's Kipper » de Toni Puhle, qui écrit également un livre incroyablement détaillé sur ce jeu (en anglais seulement).

Enfin, en 2020, Alexandre Musruck publie une version très élégante aux airs vintage du Kipper, disponible en français.

Composé lui aussi de 36 cartes, le Kipper rappelle immanquablement le Petit Lenormand par les allégories qu'il choisit d'utiliser. L'une de ses principales différences est de posséder un plus grand nombre de personnages, comme c'est le cas dans la cartomancie classique, avec ses douze figures : Valets, Dame et Rois de chaque famille. Et malgré un parallèle évident avec cette dernière, À ma connaissance, il n'a jamais été proposé d'attribuer les symboles du Kipper aux valeurs de la cartomancie classique. Et pourtant…

Pour celles et ceux que cet oracle intéresse ou qui l'utilisent peut-être déjà, je propose dans ce chapitre un point de vue tout à fait personnel. Tout comme je l'ai fait dans le reste de ce livre avec le Petit Lenormand, j'ai choisi d'attribuer les symboles du Kipper aux cartes classiques. La différence est ici l'usage des 6 (et non plus des 2), dont les valeurs correspondent mieux aux symboles des cartes.

Libre à vous de vous en inspirer ou non, ou de moduler ces références en fonction de votre propre ressenti.

Cartomancie classique	Mes correspondances Kipper
A♦. Lettre, nouvelles	7. La Lettre agréable
R♦. Commerce, affaires	13. L'Homme riche
D♦. Égocentrisme, rivalité	12. La Femme riche
V♦. Messager, uniforme	22. Le Militaire
10♦. Voyage lointain	10. Le Grand Voyage
9♦. Obstacle, contretemps	28. L'Attente
8♦. Campagne, activités	34. Les Activités
7♦. Pourparlers, caquets	14. La Mauvaise Nouvelle
6♦. Trahison, perfidie	24. Le Vol
A♥. Foyer, proches	20. La Maison
R♥. Sagesse, conseils	5. Le Bon Monsieur
D♥. Apaisement, bienveillance	6. La Bonne Dame
V♥. Amour, romance	3. La Vie conjugale
10♥. Société, fête	21. Le Salon
9♥. Victoire, consécration	25. Les Grands Honneurs
8♥. Attention, émotions	15. Les Amoureux
7♥. Pensées, amitié	16. Les Pensées
6♥. Souvenirs, nostalgie	18. L'Enfant

Cartomancie classique	Mes correspondances Kipper
A♠. Tensions, justice	23. Le Tribunal
R♠. Puissance, rudesse	30. L'Homme de loi
D♠. Isolement, enfermement	29. La Prison
V♠. Fourberie, séduction	8. La Personne fausse
10♠. Larmes, chagrin	32. Le Désespoir
9♠. Fatalité, fin	19. Le Cercueil
8♠. Maladie, fatigue	31. La Mauvaise Santé
7♠. Espoir, ombre	33. Les Pensées sombres
6♠. Longue route, ambition	35. La Longue Route
A♣. Bonheur, fortune	26. La Grande Fortune
R♣. Ami, protection	1. L'Homme principal
D♣. Amie, sincérité	2. La Femme principale
V♣. Jeune ami, fougue	4. La Rencontre
10♣. Patrimoine, stabilité	11. Le Grand Gain
9♣. Faveur, élévation	17. Le Cadeau
8♣. Dynamisme, changement	9. Le Changement
7♣. Monnaie, compensation	27. L'Argent inattendu
6♣. Le Présent, vivre l'instant	36. L'Espoir et les Grandes Eaux

Note sur les directions

Dans le Kipper, les directions des cartes jouent un rôle essentiel. Aussi les jeux de regards priment et offrent des précisions fascinantes en fonction de l'emplacement et des cartes voisines. Voici en résumé les différents types de cartes du Kipper.

- Les cartes « directionnelles » : Le regard du personnage indique vers où se porte son attention. Dans le cas de l'Homme et de la Femme principal(e), leur regard indique leur avenir et derrière eux se trouve leur passé.
- Les « connecteurs » : Ils relient les cartes qui se trouvent de chaque côté d'eux.
- Les « stops » : Ils n'ont pas de direction ni de connexion. Ces cartes marquent une pause dans une lecture, avant de passer à un autre sujet. Elles peuvent aussi fermer un tirage, indiquant qu'il n'est pas nécessaire d'aller plus loin.
- Les « causes/effets » : Dans leur dos se trouve la cause, et devant eux le résultat. Certaines cartes possèdent des significations supplémentaires sur les cartes d'au-dessus et d'en dessous.
- Les « mouvements » : Comme les directionnelles (propres aux personnages), les mouvements fonctionnent de même mais avec des objets qui se dirigent d'un point A à un point B. Ils tournent le dos à ce qu'ils laissent derrière eux et se dirigent vers où ils tendent. Ces mouvements peuvent être l'un des quatre côtés de la carte, mais aussi l'une de ses diagonales.

Significations des 36 cartes du Kipper

1 – L'Homme principal

Il représente le plus souvent le consultant. Les cartes les plus proches de lui indiquent les événements à prévoir dans un avenir proche. Si le tirage est effectué pour une femme, il s'agit alors d'un homme très proche d'elle ou à venir dans sa vie. Le côté où se tourne son regard indique son futur, dans son dos son passé (ce qui peut influer le sens du tirage).

Il s'agit d'une carte directionnelle : dans le sens de son regard se trouve l'avenir, dans son dos le passé.

En cartomancie, on peut rapprocher cette carte du **Roi de Trèfle** :
Protection – Amitié – Appui.

2 – La Femme principale

Elle représente le plus souvent la consultante. Les cartes les plus proches d'elle indiquent les événements à prévoir dans un avenir proche. Si le tirage est effectué pour un homme, il s'agit alors d'une femme très proche de lui ou à venir dans sa vie. Le côté où se tourne son regard indique son futur, dans son dos son passé (ce qui peut influer le sens du tirage).

Il s'agit d'une carte directionnelle : dans le sens de son regard se trouve l'avenir, dans son dos le passé.

En cartomancie, on peut rapprocher cette carte de la **Reine de Trèfle** :
Jovialité – Prodigalité – Sincérité.

3. La Vie conjugale

Elle nous parle de relation intime, de couple, de mariage, mais aussi d'amitié profonde, de partenariat et de relation stable en général. Elle peut annoncer une rencontre sentimentale si elle se trouve dans le sens du regard de la carte de la consultante ou du consultant, une relation passée si la carte se trouve dans son dos.

Cette carte est un « connecteur » qui relie les deux cartes qui se trouvent de chaque côté d'elle.

En cartomancie, on peut rapprocher cette carte du **Valet de Cœur** :
Affection – Tendresse – Légèreté.

4 – La Rencontre

Elle annonce des visites ou des sorties, dans tous les cas des événements en lien avec de nouvelles personnes. Elle parle de réunions conviviales, fêtes en tout genre... Cette rencontre peut aussi être d'ordre affectif et annoncer le fait de faire la cour.

Cette carte est un «connecteur», qui relie les deux cartes qui se trouvent de chaque côté d'elle.

En cartomancie, on peut rapprocher cette carte du **Valet de Trèfle** :
Vivacité – Nouveauté – Honnêteté.

5 – Le Bon Monsieur

C'est un homme expérimenté, d'apparence mûr, symbole de maturité et de sagesse. Il représente une figure paternelle sur laquelle on peut compter, souvent avec un esprit artistique développé.

C'est une carte « directionnelle », son regard indique vers où se tournent ses intentions.

En cartomancie, on peut rapprocher cette carte du **Roi de Cœur** :
Sagesse – Maturité – Conseils.

6 – La Bonne Dame

C'est une femme d'apparence mûre et sage, aimée et aimante, avec un profond aspect maternant. Douce et raffinée, elle prodigue sa gentillesse et son affection sincère autour d'elle.

C'est une carte « directionnelle », son regard indique vers où se tournent ses intentions.

En cartomancie, on peut rapprocher cette carte de la **Reine de Cœur** :
Apaisement – Grâce – Intuition.

7 – La Lettre agréable

C'est l'annonce de bonnes nouvelles, par lettre, courriel, sms, appel, conversation en tête à tête... Si elle est entourée de mauvaises cartes, la nouvelle devient alors plus neutre mais pas négative pour autant.

Cette carte est un « stop » qui marque une pause ou une fin dans une lecture.

En cartomancie, on peut rapprocher cette carte de l'**As de Carreau** :
Nouvelles – Information – Nouveauté.

8 – La Personne fausse

Elle sonne l'alerte sur votre entourage et annonce quelque chose de dissimulé. Une personne envieuse crée des intrigues, des mensonges, a des intentions cachées... Prudence.

La cause de cette carte se situe dans son dos, et ses conséquences là où se tourne son regard.

En cartomancie, on peut rapprocher cette carte du **Valet de Pique** :
Séduction – Indiscrétion – Dissimulation.

9 – Le Changement

Il vient chambouler la routine. Déménagement, nouvel emploi ou relation, déplacement : quelque chose vient mettre du mouvement dans la vie de manière soudaine.

C'est une carte de « mouvement » qui laisse ce qui se trouve derrière elle et va vers la carte vers laquelle l'illustration se dirige.

En cartomancie, on peut rapprocher cette carte du **8 de Trèfle** :
Mouvement – Dynamisme – Profit.

10 – Le Grand Voyage

La carte parle de déplacements, tant pour des raisons professionnelles que personnelles (l'entourage de la carte aidera à préciser la nature de ce voyage). Cette carte représente aussi différents moyens de transport, de même qu'une orientation vers du nouveau.

C'est une carte de « mouvement » qui laisse ce qui se trouve derrière elle et va vers la carte vers laquelle l'illustration se dirige.

En cartomancie, on peut rapprocher cette carte du **10 de Carreau** :
Voyage – Départ – Mouvements.

11 – Le Grand Gain

Cette carte parle de biens, de patrimoine, d'acquis divers, d'héritage, mais rarement de votre salaire. C'est une fortune qui est associée aux bases et à la stabilité du quotidien.

Cette carte est un « stop » qui marque une pause ou une fin dans une lecture.

En cartomancie, on peut rapprocher cette carte du **10 de Trèfle** :
Acquis – Patrimoine – Stabilité.

12 – La Femme riche

Elle évoque une personne aisée qui mène une vie agréable, ayant l'air jeune. Elle aime l'argent et les belles choses, cultive son plaisir au travers de différents luxes. C'est généralement une carte positive qui peut néanmoins mettre en garde contre la superficialité.

Cette carte est un « connecteur » qui relie les deux cartes qui se trouvent de chaque côté d'elle.

En cartomancie, on peut rapprocher cette carte de la **Reine de Carreau** :
Orgueil – Ego – Rivalité.

13 – L'Homme riche

Il représente la sécurité financière, la réussite professionnelle, une affaire, l'entreprise dans laquelle on travaille. Il a souvent l'air jeune. C'est une carte positive qui parle surtout d'argent et de revenus.

Cette carte est un « connecteur » qui relie les deux cartes qui se trouvent de chaque côté d'elle.

En cartomancie, on peut rapprocher cette carte du **Roi de Carreau** : Entreprise – Ambition – Autorité.

14 – La Mauvaise Nouvelle

Elle est symbole de stress, de tension, de surmenage, parfois de maladie légère. Proche d'une personne, elle peut parfois indiquer qu'elle est du genre à trop s'écouter et à s'apitoyer sur elle-même, elle peut évoquer quelqu'un qui se plaint, radote, ressasse et rumine.

La cause de cette carte se situe dans son dos, et ses conséquences là où se tourne son regard.

En cartomancie, on peut rapprocher cette carte du **7 de Carreau** : Propos – Cancans – Société.

15 – Les Amoureux

Ils sont un signe d'harmonie, de douceur dans les rapports avec l'entourage, de dénouement heureux. La carte évoque évidemment l'amour et les affaires de cœur, mais peut tout aussi bien parler d'amitié profonde et sincère.

Cette carte est un « stop » qui marque une pause ou une fin dans une lecture.

En cartomancie, on peut rapprocher cette carte du **8 de Cœur** : Attention – Joie – Émotion.

16 – Les Pensées

Ce sont les idées, les projets, les envies de la personne qui consulte. Ce qui occupe son esprit sera précisé par les cartes qui l'entourent. Ce peut aussi être les pensées d'une tierce personne envers celui ou celle qui consulte.

Cette carte est un « stop », qui marque une pause ou une fin dans une lecture.

En cartomancie, on peut rapprocher cette carte du **7 de Cœur** :
Pensées – Amitié – Fidélité.

17 – Cadeau

C'est une surprise agréable, quelque chose de positif qui vient à nous sans que l'on puisse s'y attendre, un gage de joie. L'optimisme et la bonne humeur sont de mise, au point d'atténuer les cartes négatives qui l'entourent (dispute vite oubliée, par exemple).

C'est une carte de « mouvement », on considère le plus souvent que ce cadeau vient de la carte au-dessus et s'offre à celle d'en dessous.

En cartomancie, on peut rapprocher cette carte du **9 de Trèfle** :
Amélioration – Élévation – Faveur.

18 – L'Enfant

Dans le Kipper, il représente la nouveauté (comme dans le Petit Lenormand), mais aussi l'innocence et la douceur de l'enfance. Naïf et ingénu, il appelle notre enfant intérieur et fait remonter les souvenirs d'autrefois.

C'est une carte « directionnelle », son regard indique vers où se tournent ses intentions.

En cartomancie, on peut rapprocher cette carte du **6 de Cœur** :
Souvenirs – Nostalgie – Innocence.

19 – Le Cercueil

Il annonce un coup du sort à surmonter, la fin d'une chose pour une renaissance nouvelle. Symbole de deuil, c'est avant tout un seuil qui mène vers autre chose. Mal entourée, la carte peut parfois indiquer un accident, une séparation, une période de malchance.

La cause de cette carte se situe dans son dos, et ses conséquences là où se tourne son regard. On ajoute souvent que ce qui est transformé correspond à la carte en dessous, et ce qui attriste à la carte au-dessus.

En cartomancie, on peut rapprocher cette carte du **9 de Pique** :
Fatalité – Ruine – Accident.

20 – La Maison

Elle représente tant le bâtiment que la famille ou les proches en général. Évoquant la famille, les amis ou le lieu de vie, c'est aussi le symbole de la stabilité et de la protection.

Cette carte est un « stop » qui marque une pause ou une fin dans une lecture.

En cartomancie, on peut rapprocher cette carte de l'**As de Cœur** :
Foyer – Harmonie – Réunions.

21 – Le Salon

C'est un endroit privé et personnel représentant l'intérieur de la personne qui consulte. Mais c'est aussi un lieu où l'on reçoit pour partager des moments agréables avec ses proches, symbole de fêtes et de réjouissances agréables.

Cette carte est un « stop » qui marque une pause ou une fin dans une lecture.

En cartomancie, on peut rapprocher cette carte du **10 de Cœur** :
Sorties – Fêtes – Mondanités.

22 – Le Militaire

Il évoque un homme en uniforme (de toute sorte), une personne ayant un rôle officiel, souvent en déplacement, d'apparence jeune.

Cette carte est un « stop » qui marque une pause ou une fin dans une lecture.

En cartomancie, on peut rapprocher cette carte du **Valet de Carreau** :
Habileté – Utilité – Nouvelles.

23 – Le Tribunal

C'est une carte neutre qui implique néanmoins qu'il faut prendre une décision, voire trancher dans une situation. C'est aussi tout ce qui a trait aux démarches administratives et juridiques de manière générale.

Cette carte est un « stop » qui marque une pause ou une fin dans une lecture.

En cartomancie, on peut rapprocher cette carte de l'**As de Pique** :
Tensions – Pulsions – Justice.

L'As de Pique représente souvent, en cartomancie classique, tout ce qui a trait aux démarches administratives, légales et juridiques.

24 – Le Vol

Il indique une perte sournoise, quelque chose qui a été dérobé qui peut être d'ordre matériel, mais pas seulement – un projet, un partenaire… Cette carte met en garde contre quelque chose qui risque d'être subtilisé de la part d'une personne inconnue comme d'une personne proche.

La cause de cette carte se situe dans son dos, et ses conséquences là où se tourne son regard.

En cartomancie, on peut rapprocher cette carte du **6 de Carreau** :
Trahison – Perfidie – Déception.

Bien que cette carte symbolisât autrefois un « domestique » (qu'il s'agisse de la profession de la personne ou des domestiques qu'elle emploie), elle a évolué au fil des siècles en devenant synonyme de trahison dans la sphère domestique, signification correspondant parfaitement à cette carte du Kipper.

25 – Les Grands Honneurs

Cette carte est une reconnaissance des valeurs personnelles, une récompense inestimable d'un travail fourni. Au-delà d'une excellente réputation, c'est le signe d'une récolte très positive des efforts accomplis, d'une grande réussite et d'un grand accomplissement, voire de célébrité.

Cette carte est un « stop » qui marque une pause ou une fin dans une lecture.

En cartomancie, on peut rapprocher cette carte du **9 de Cœur** :
Réussite – Victoire – Satisfaction.

26 – La Grande Fortune

Il s'agit de la meilleure carte du jeu. C'est une carte extrêmement positive qui annonce une période de chance insolente, couronnée de succès et de réussite en tout genre. Elle affaiblit les cartes négatives qui l'entourent, tout en renforçant les cartes positives.

Cette carte est un « stop » qui marque une pause ou une fin dans une lecture.

En cartomancie, on peut rapprocher cette carte de l'**As de Trèfle** :
Succès – Honneurs – Chance.

27 – L'Argent inespéré

C'est une offre, une signature, un contrat imprévu : une légère augmentation de salaire, un petit gain à la loterie... Rien de bien conséquent mais toujours bienvenu.

Cette carte est un « stop » qui marque une pause ou une fin dans une lecture.

En cartomancie, on peut rapprocher cette carte du **7 de Trèfle** :
Compensation – Monnaie – Modestie.

28 – L'Attente

C'est une carte de ralentissement, indiquant que ce que l'on attend arrivera plus tard que prévu. C'est aussi le conseil d'attendre éventuellement un meilleur moment pour lancer un projet ou autre.

La cause de cette carte se situe dans son dos, et ses conséquences là où se tourne son regard.

En cartomancie, on peut rapprocher cette carte du **9 de Carreau** :
Retard – Contretemps – Pause.

29 – La Prison

Elle représente l'enfermement, choisi ou non. C'est une carte qui parle d'un sentiment d'insécurité et de peurs, d'une situation limitante où l'on se sent seul et isolé.

Cette carte est un « stop » qui marque une pause ou une fin dans une lecture.

En cartomancie, on peut rapprocher cette carte de la **Reine de Pique** :
Solitude – Rigidité – Amertume.

30 – Homme de Loi

C'est un expert, une personne importante et influente qui peut apporter ses conseils. La carte peut aussi révéler de la colère, des conflits, des tensions et de l'irritabilité.

Cette carte est un « connecteur » qui relie les deux cartes qui se trouvent de chaque côté d'elle.

En cartomancie, on peut rapprocher cette carte du **Roi de Pique** :
Autorité – Droiture – Rudesse.

Autrefois nommé « Homme de robe », ce roi représentait toutes les professions où l'on porte des robes, comme les avocats et les juges, par exemple.

31 – La Mauvaise Santé

Elle indique une faiblesse ou fragilité, sur le plan physique, émotionnel ou mental. Quelque chose se détériore lentement et nécessite d'être guéri ou réparé.

Cette carte est un « connecteur » qui relie les deux cartes qui se trouvent de chaque côté d'elle.

En cartomancie, on peut rapprocher cette carte du **8 de Pique** :
Maladie – Diminution – Critique.

32 – Le Désespoir

Il évoque les soucis du quotidien qui créent de la peine, des soucis, de l'inquiétude, des déceptions... Mais ils sont souvent injustifiés, c'est-à-dire plutôt la cause d'une façon morose d'aborder la vie.

Cette carte est un « stop » qui marque une pause ou une fin dans une lecture.

En cartomancie, on peut rapprocher cette carte du **10 de Pique** :
Angoisses – Peines – Chagrin.

33 – Les Pensées sombres

La carte représente cette ombre qui plane, les idées moroses, la dépression... Cette carte peut parfois parler de tromperie, de licenciement, mais les pensées négatives qu'elle évoque ne se concrétisent pas forcément pour autant.

La cause de cette carte se situe dans son dos, et ses conséquences là où se tourne son regard.

En cartomancie, on peut rapprocher cette carte du **7 de Pique** :
Espoir – Lutte – Persévérance.

34 – Les Activités

Elles nous parlent du travail de tous les jours, de l'activité principale de la personne qui consulte, de ses obligations. Ce peut être également les loisirs et activités diverses, les passe-temps en tout genre.

Cette carte est un « stop » qui marque une pause ou une fin dans une lecture.

En cartomancie, on peut rapprocher cette carte du **8 de Carreau** :
Campagne – Déplacement – Démarches.

35 – La Longue Route

C'est avant tout un marqueur de temps (comme l'Attente l'est de manière moindre) qui évoque une longue durée. Ce peut être quelque chose de délicat ou de difficile à mettre en place, ou parfois juste un temps de maturation nécessaire. C'est une période de calme plat, voire d'ennui, qui nécessite de faire preuve de patience.

C'est une carte de « mouvement » qui laisse ce qui se trouve derrière elle et va vers la carte vers laquelle l'illustration se dirige.

En cartomancie, on peut rapprocher cette carte du **6 de Pique** :
Horizons – Inconnu – Difficultés.

36 – L'Espoir et Les Grandes Eaux

C'est une carte à la signification assez nébuleuse. Elle indique les rêves et les projections, mais elle parle aussi d'intuition et de spiritualité. Elle évoque un aspect philosophique qui pousse à vivre l'instant afin de déployer ce que l'on souhaite dans sa vie.

Cette carte est un « stop » qui marque une pause ou une fin dans une lecture.

En cartomancie, on peut rapprocher cette carte du **6 de Trèfle** :
L'instant – Présent – Ambitions.

Le grand tableau, façon Kipper

Bien que les grands tableaux avec le Kipper peuvent adopter la même disposition qu'avec le Petit Lenormand, voici une méthode glanée au cours de mes recherches et qui propose une approche originale.

Pour commencer, placez la carte représentant la personne qui consulte au centre du tableau, puis disposez les cartes tout autour comme indiqué (la dernière carte est placée sur celle représentant la personne, indiquant les influences immédiates sur elle). De cette manière, le sujet se trouve au centre de sa vie et des domaines qui la composent. La proximité des cartes avec celle de la personne joue alors un rôle essentiel.

Dans le Kipper, les jeux de regards prédominent sur la notion de « passé à gauche » et « avenir à droite ». C'est la direction dans laquelle regarde la carte représentant la personne (variable selon les éditions) qui indique l'avenir. Ce qui se trouve dans son dos indique son passé, et face à son regard se trouve son futur.

Comme pour la version Lenormand, interprétez d'abord la colonne du présent, puis la ligne du passé et de l'avenir. Les diagonales indiquent les influences passées comme les possibilités à venir. Effectuez alors un carré de 9 autour de la carte de la personne (qui correspond au cœur du tirage), puis faites de même pour les sujets sur lesquels vous désirez un éclairage. Les angles indiquent là aussi la toile de fond.

Là encore, si vous utilisez un plateau, n'hésitez pas à rebondir d'une carte à l'autre, de case en case, afin d'obtenir plus de détails sur votre question.

C'est un jeu aussi complexe et complet que peut l'être le grand tableau selon le petit Lenormand.

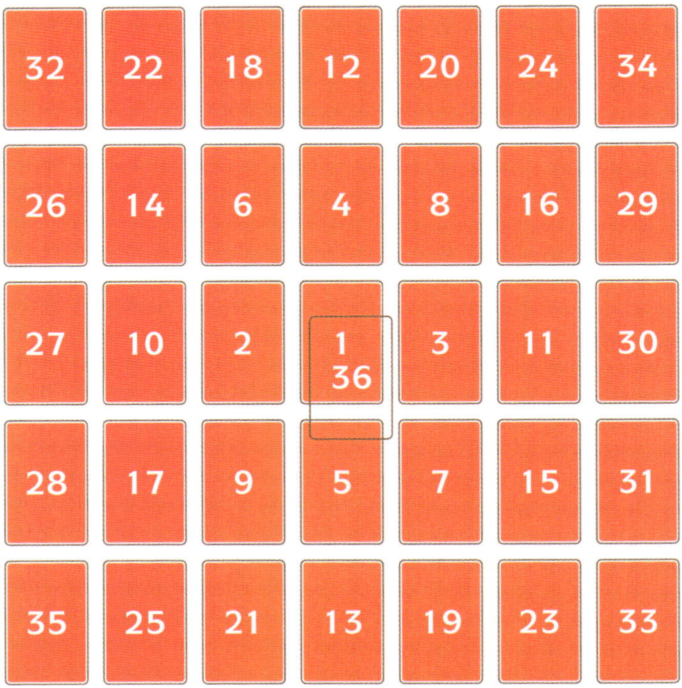

Grand tableau façon Kipper

Conclusion

L'ancienne cartomancie au service du monde moderne

Bien que de nos jours, les jeux de cartes divinatoires modernes fleurissent, un nombre croissant de personnes partent en quête de grands classiques et des valeurs plus originelles des cartes. On remarque comme un besoin de bases, de revenir aux sources. Et c'est dans cette démarche, à la fois simple et riche, que chacune de mes publications s'oriente.

Quelques recherches suffisent généralement à découvrir que l'usage des cartes à jouer était l'une des bases essentielles des arts divinatoires. Mais souvent, en l'absence d'illustrations, leur usage semble laborieux.

Grâce au concept d'illustrations (tels qu'avec le Petit Lenormand, le Kipper ou encore le Nouvel Etteilla, entre tant d'autres), l'apprentissage des valeurs des cartes classiques devient plus accessible.

Cette version « corrigée » du Petit Lenormand permet ainsi de s'accorder davantage aux significations anciennes des cartes, telles que les utilisait la célèbre sibylle.

Ces approches anciennes pourraient paraître désuètes, mais elles restent pourtant toujours très actuelles et éloquentes. Enrichies durant des siècles de divination, les cartes classiques continuent d'accompagner nombre d'entre nous, par leur richesse symbolique et leur sagesse inaltérable.

Qu'il s'agisse d'une découverte ou d'un perfectionnement, puissiez-vous trouver en ce support un allié de choix, pour déployer le meilleur de vous-même et de votre destinée. Les cartes sont des conseillères n'ayant pour but que de vous relier à vos propres guides, aux messages de votre âme, avec un langage qui vous est propre.

Nouez ce lien d'amitié sacré entre votre jeu et vous-même, et voguez ensemble vers les merveilles de votre chemin, à l'écoute de vous-même.

Amicalement,
Gabryann

Bibliographie (liste non exhaustive)

Sur la cartomancie classique et le Tarot

xviiie siècle

Alliette Jean-Baptiste, *Etteilla, ou manière de se récréer avec un jeu de cartes,* Lesclapart, 1770.

Alliette Jean-Baptiste, *Le Petit Oracle des dames ou Récréation du curieux*, Ducessois, 1770-1820.

Alliette Jean-Baptiste, *Etteilla ou la seule manière de tirer les cartes*, Lesclapart, 1773.

Alliette Jean-Baptiste, *Manière de se récréer avec le jeu de cartes nommées tarots* (livrets 1 à 4), Segault, 1783-1784.

Alliette Jean-Baptiste, *L'Astrologie du Livre de Thot* (1785), fac simile de Guy Trédaniel Éditeur, 1993.

Alliette Jean-Baptiste, *Jeu des tarots, ou le livre de Thot ouvert à la manière des Égyptiens*, 1787.

Court de Gébelin Antoine, *Monde primitif*, volume 8, autoédition, 1781.

Sinon A., *Les Sciences mystérieuses : les lignes de la main, l'écriture, la physionomie,* Deslinières, 1899.

XIXe siècle

BOURGADE Arnaud, *Nouvel art de tirer les cartes ou la connaissance de l'avenir prédite par les cartes*, P. Bernardin, 18**.

D'ANGERS Arthur Halbert, *Cartomancie ancienne et nouvelle*, 1872.

FLAMAND Julien, *Le Petit Etteilla, art de tirer les cartes* , Les Marchands de nouveautés, 1874.

LE NORMAND Marie-Anne Adélaïde, *Grand jeu de société et pratiques secrètes de Mlle Le Normand*, J. Gaudais, 1840-1850.

LE NORMAND Marie-Anne Adélaïde, *L'Oracle parfait, ou le passe-temps des dames*, 1875.

MAGUS Antonio, *L'Art de tirer les cartes*, Garnier frères, 1875.

ORSINI Julia, *Le Grand Etteilla* ou lArt de tirer les cartes, 1850.

PAPUS, *Le Tarot des Bohémiens, clef absolue des sciences occultes*, G. Carré, 1889, Dangles 1977.

XXe siècle

ANONYME, *La Véritable Cartomancie expliquée par la célèbre sibylle française mise en tableaux par l'héritière de Mlle L. Normand*, éd. Guy le Prat, 1975.

AYMON Florence, *Le Livre de Lydia : comment lire dans les cartes sans en connaître la signification et sans avoir à l'apprendre*, Mercure de France, 1982.

BELLENGHI Alessandro, *Le Livre de la cartomancie*, Solar, 1986.

COLLECTIF, *L'Avenir par les cartes*, éd. Albin Michel, 1972.

CROWLEY Aleister, *Book of Thoth : A Short Essay on the Tarot of the Egyptians*, autoédition en 1944, Weiser depuis 1969.

DELPHA, *Le Nouvel Art de tirer les cartes*, éd. Guy Le Prat, 1946.

Papus, *Le Tarot divinatoire, clef du tirage des cartes et des sorts*, H. Durville fils, 1911, Dangles, 1965.

Richmond Olney H., *The Mystic Test Book or The Magic of the Cards*, 1919.

Sciuto Giovanni, *ABC de la cartomancie*, J. Grancher, 1984.

Sciuto Giovanni, *Le Guide des réussites* Grancher, 1987.

Silvestre Colette, *Les Tarots*, J. Grancher, 1987.

Silvestre-Haéberlé Colette, *Le Grand Etteilla et le Tarot égyptien*, J. Grancher, 1996.

Simon Sylvie et Picard Marcel, *Le Langage secret du tarot*, Sand et Tchou, 1982.

Simon Sylvie, *Le Guide des Tarots*, J'ai Lu, 1995.

Waite Arthur Edward, *The pictural key to the Tarot* , William Rider & Son, 1911.

Wang Robert, *Tarot qabalistique - Tarot et Sephiroth,* Ediru, 1998.

xxie siècle

Amélie, *Les Cartes et votre avenir*, Trajectoire, 1996.

Anapova Elena, *Magic Cards of the Russian Sybil*, Lo Scarabeo, 2006.

Bellecourt Stéphanie, *Guide pratique du jeu La Voyante* Exclusif, 2014.

Decreuse Marie, *ABC des réussites* , Grancher, 2000.

Decreuse Marie, *La Cartomancie au quotidien* , Grancher, 1997.

Feslikenian Franca et PICOLLO Maristella, *Les Cartes divinatoires*, De Vecchi, 2017.

Morera Guilhem, *La Cartomancie des anciens mages* , Trajectoire, 2012.

Nadolny Isabelle, *Histoire du Tarot : origines, iconographie, symbolisme*, Trajectoire, 2018.

Quéffféléant Yvelise, *B.A.-BA Cartomancie*, Pardès, 2008.

QUINT Liliane, *Tirages très pratiques pour la vie quotidienne et pour prévoir l'avenir* (2003)

ROCHON Yves, *Le Tarot en un clin d'œil : : outil pratique de connaissance de soi*, Octave édition, 2015.

TALBOT Jude (sous la direction de), *Fabuleuses cartes à jouer*, Gallimard et BNF Éditions, 2018.

TUAN Laura, *Les Secrets du Tarot* , De Vecchi, 2015.

WONG Zach, *Revelations Tarot Companion*, Llewellyn Publications, 2005.

Ainsi que de nombreux sites et blogs spécialisés (dont le très complet : *www.damedetrefle.com*).

Divers jeux (annotés ou non)

Le Petit Etteilla (conçu en 1770 puis édité dès 1791)

Le Livre de Thot ou Tarot d'Etteilla (dans diverses éditions, dont l'origine date de 1788 puis réédité en 1856)

Ur-Lenormand, Das Spiel der Hoffnung (réédition du Jeu de l'espoir de 1799 à l'origine du Petit Lenormand)

Le Petit Oracle des Dames (1807)

La Sibylle des Salons (1827)

Le Grand Jeu de Mlle Lenormand (1845)

Le Tarot égyptien (réédition du jeu original de 1875)

Le Jeu de la princesse (ancienne réédition du Grand Etteilla)

Le Petit Cartomancien (note particulière pour ce jeu qui illustre à la manière du Petit Lenormand les valeurs des cartes, tout en restant globalement assez fidèle aux significations de la cartomancie classique, un véritable petit bijou)

TUAN Laura, *Le Tarot des égyptiens*

Le *Cartomantic*

L'Oracle tzigane

Jeu de la Bonne Aventure, jeu du langage des cartes

Jeu de Bonne Aventure « Voyance Express », la cartomancie pratique

Petit Lenormand, jeu de cartes divinatoires d'après la méthode admirablement simplifiée de Mlle Lenormand (reproduit en réalité 37 des 58 cartes du Grand Lenormand auxquelles sont annotées des notions de cartomancie classique ainsi que la correspondance habituelle avec les symboles du Petit Lenormand)

MYRDDIN Gabryann, *Le Nouvel Ettailla* (coffret), Trajectoire, 2022.

Il existe diverses éditions du Petit Lenormand et du Kipper (ainsi que leurs livrets riches en descriptions), de même que d'autres jeux de cartes, oracles et tarots historiques ou récents, de diverses inspirations.

Sur le Petit Lenormand

DELCLOS Marie, *Le Livre du Petit Lenormand – Symbolisme, tirages et interprétations*, Trajectoire, 2013.

MATTHEWS Caitlīn, *Lenormand, Oracle divinatoire* (coffret), Trédaniel, 2013.

MATTHEWS Caitlīn, *The complete Lenormand oracle handbook - Reading the Language and Symbols of the Cards*, Destiny Books, 2014.

SILVESTRE Colette, *Le Petit Lenormand*, Du Gange, 2003.

Ainsi que de nombreux sites et blogs spécialisés.

Sur le Grand Lenormand

DIDIER Jean, *Le Livre du Grand Jeu de Mlle Lenormand*, Trajectoire, 1997.

FRELAUT Chantal et SÉDILLOT Carole, *B.A.-BA Le Grand Jeu de Mlle Lenormand*, Grancher, 2004.

LE NORMAND Marie-Anne Adélaïde, *Grand jeu de société, pratiques secrètes de Mlle Lenormand*, Berteau, 1845.

SILVESTRE-HAÉBERLÉ Colette, *Le Grand Jeu de Mlle Lenormand*, Grancher, 1993.

Ainsi que de nombreux sites et blogs spécialisés.

Sur le Kipper

(dont il existe hélas très peu de livres, en français ou en anglais)

LEIDING Hildegard, *Kipper-Karten - Ausführliches Anleitungsbuch und Kipper-Karten*, Verlag Weisse Reihe, 1993.

MUSRUCK Alexandre, *The Art of Kipper Reading*, REDFeather, 2020.

PUHLE Toni, *The cards geek's guide to Kipper Cards*, CreateSpace Independent Publishing Platform, 2017.

Ainsi que de nombreux sites et blogs spécialisés.

Crédits iconographiques

p. 11 : François Dumont, *Portrait of Mademoiselle Marie-Anne Adelaide Le Normand*, 1921.911, Cleveland Museum of Art, https://commons.wikimedia.org.

p. 16 : couverture du coffret *Das Spiel der Hoffung*.

p. 19 : couverture du livre *L'Oracle parfait, ou le passe-temps des dames : art de tirer les cartes avec explication,* BnF Gallica.

p. 31 : cartes du *Tarot de Marseille*.

Les cartes de ce coffret ont été conçues à partir de plusieurs documents :

- *Die achten Wahrsagekarten des Kartenschlägerin Melle Lenormand in Paris*, Ensslin et Laiblin, [entre 1875 et 1899], BNF Gallica (domaine public).
- *Playing Cards series* (N84), issue de la Jefferson R. Burdick Collection du Metropolitan Museum of Art de New-York, wikimedia.org (domaine public).
- © M2, © SpicyTruffel, © lynea, © Tiax - stock.adobe.com.

Plateau : © SpicyTruffel, © garrykillian, © anastasy_helter - stock.adobe.com.

Table des matières

À propos de l'auteur

Gabryann Myrddin s'initie à l'art de la cartomancie auprès de sa grand-mère maternelle en 1996. Il se passionne ensuite pour le Tarot, les cartes et oracles. Ses investigations et expérimentations l'ont amené à explorer et pratiquer le monde des énergies et différentes formes de magie.

Thérapeute, enseignant et auteur dans les domaines du bien-être et du développement personnel, de la médiumnité et du magnétisme, il garde une soif de connaissance intarissable qui n'a d'égale que son envie de partage.

Pour contacter l'auteur :

www.guidances.energies.com

antre-ciel-et-terre.over-blog.com

gabryann.myrddin

gabryann.myrddin

youtube.com/c/GabryannAedanMyrddin

Achevé d'imprimer en Chine en novembre 2023 par Toppan Leefung
Dépôt légal : mars 2024